José Antonio Ramalho

Guia da Mountain bike

São Paulo
2007

EDITORA
Gaia

© José Antonio Alves Ramalho, 2006

Diretor Editorial
Jefferson L. Alves

Diretor de Marketing
Richard A. Alves

Gerente de Produção
Flávio Samuel

Assistente Editorial
Ana Cristina Teixeira

Revisão
Ana Cristina Teixeira
João Reynaldo de Paiva

Foto da Capa
Fotógrafo: Antonio Amaral
Piloto: Gabriel Napole

Fotos
José Antonio Ramalho (a excessão das que estão creditadas)

Projeto Gráfico e Editoração Eletrônica
Rodrigo Mota

Dados Internacionais de Catalogação na Publicação (CIP)
(Câmara Brasileira do Livro, SP, Brasil)

Ramalho, José Antonio
 Guia da mountain bike / José Antonio Ramalho ; [fotografias do autor]. – São Paulo : Gaia, 2007.

 ISBN 978-85-7555-122-6

 1. Bicicletas para mountain 2. Ciclismo – Guias 3. Trilhas para mountain bike 4. Turismo de bicicleta I. Título

07-1566   CDD-796.63

Índices para catálogo sistemático:
 1. Mountain biking : Ciclismo : Esportes   796.63

Direitos Reservados

EDITORA GAIA LTDA.
(pertence ao grupo Global Editora
e Distribuidora Ltda.)

Rua Pirapitingüi, 111-A – Liberdade
CEP 01508-020 – São Paulo – SP
Tel.: (11) 3277-7999 – Fax: (11) 3277-8141
e-mail: gaia@editoragaia.com.br
www.globaleditora.com.br

Colabore com a produção científica e cultural.
Proibida a reprodução total ou parcial desta obra
sem a autorização do editor.

Nº DE CATÁLOGO: **2811**

Agradecimentos

Em 2004, quando tinha 42 anos, a necessidade de voltar a fazer alguma atividade física bateu à minha porta. Foi um momento de reflexão. Como escritor, passei as últimas duas décadas praticamente sentado em frente a um computador. Mais errado impossível!

Fui para uma academia, mas minha adaptação estava sendo difícil. Até que um amigo, João Scormin, da BIC-Shimano, me incentivou a recomeçar a pedalar. A paixão pela bicicleta voltou à minha vida.

Alguns meses depois, fiz o caminho de Santiago de Compostela. Minha viagem totalizou 1.000 km, feitos em 15 dias: de Saint Jean Pied Port na França até Finisterre, já na costa do Atlântico, na Espanha. O roteiro que fiz pode ser conferido pelo leitor no capítulo sobre cicloturismo.

Minha primeira grande aventura de bicicleta serviu para deixar claro que pedalar seria parte constante da minha vida. Uma atividade física que me dá prazer, me deixa em forma (foram 15 quilos perdidos) e é excelente para aumentar o convívio social. Fiz ótimos amigos por meio da bicicleta.

Resolvi, então, escrever este *Guia* e compartinhar o mundo fascinante da bike com o leitor. Muitas pessoas contribuíram, de forma direta ou indireta, para que este livro se tornasse realidade.

Em alguns capítulos, a ajuda de amigos foi decisiva. Quero mencionar nominalmente André Ribeiro da LM Bike, Caio Salerno, um ícone da mountain bike que contribuiu com o capítulo sobre técnicas de pedal e Rodrigo Yamaguchi no capítulo de manutenção.

Obrigado a todos!

José Antonio Ramalho

Se você quiser compartilhar suas experiências ou simplesmente opinar sobre esse livro envie um e-mail para mim: jose.antonio@ramalho.com.br.

Visite o site www.grandesaventuras.com.br para curtir algumas aventuras feitas numa bike.

Sumário

Capítulo 1
Mountain bike 7

Capítulo 2
O tamanho ideal 21

Capítulo 3
Acessórios 29

Capítulo 4
O ciclista 39

Capítulo 5
Upgrade 47

Capítulo 6
Pedalando 60

Capítulo 7
Cicloturismo 77

Capítulo 8
Roteiros 89

Capítulo 9
Competição 113

Capítulo 10
Saúde 119

Capítulo 11
Manutenção 135

Mountain

bike

CAPÍTULO 1

Nesse capítulo você conhecerá os tipos de mountain bike disponíveis, seus componentes e algumas dicas para comprar uma bike nova ou fazer um upgrade (atualização) de uma bicicleta antiga. Por ser um capítulo genérico, vamos abordar diversos temas que ao longo do livro receberão um tratamento mais detalhado.

A mountain bike

À primeira vista, um leigo, ao olhar duas mountain bikes numa loja, pode não notar grandes diferenças entre elas. Contudo, elas são como qualquer outro tipo de veículo; ao serem projetadas, tiveram um público específico visualizado na mente de seus projetistas. Fazendo uma analogia, você pode olhar dois carros da mesma marca e modelo, similares na aparência, mas com características técnicas completamente diferentes. Um dos carros possui motor de 6 cilindros com 250 HP, suspensão e freios recalibrados e opcionais de luxo; o outro é a versão de entrada com motor de 4 cilindros, com 110 HP e poucos opcionais de luxo. A diferença no preço entre os dois carros pode chegar a 200%. Com mountain bikes isso também acontece e existe um porquê que será explicado ao longo deste livro. Componentes mais leves, alta tecnologia e materiais nobres fazem a diferença na hora do projeto de uma mountain bike.

A tecnologia trouxe muitos benefícios ao mundo das mountain bikes, mas ajudou a criar uma grande confusão para quem pretende escolher uma mountain bike devido à grande quantidade de opções disponíveis no mercado.

A bicicleta perfeita

A bicicleta perfeita é aquela que atende a todas as suas necessidades como ciclista e está dentro do seu orçamento disponível. Muitas vezes ela fica muito distante do nosso bolso. No entanto, fazendo uma análise criteriosa das suas necessidades e escolhendo adequadamente um modelo que as atenda, você terá um ótimo produto que lhe dará o prazer e a satisfação de pedalar.

A bicicleta ideal deve ser fruto das respostas de duas perguntas:
1. Qual será o principal uso da bicicleta?
2. Quanto tenho para investir?
Nas próximas páginas, vamos descrever alguns dos principais usos da mountain bike. Pode ser que a sua resposta para a pergunta 1 envolva mais de uma categoria de utilização. Isso não é um problema, basta você achar uma bicicleta que tenha condições de lhe atender as categorias selecionadas.

Uso da bicicleta em competições

CROSS COUNTRY – São provas de média e longa distância, entre 30 e 120 km, feitas no campo que apresentam diversos tipos de terreno e topografias que incluem subidas, descidas, retas etc. Nessas provas, a competição é contra-relógio; quem fizer o percurso primeiro, ganha. Geralmente se cria um circuito usando estradas e a prova é composta por várias voltas neste circuito.

FREERIDE – As bicicletas Freeride são feitas com componentes mais resistentes e longas suspensões. Seu peso varia entre 14 e 18 kg e seu uso prevê saltos e manobras radicais. O curso da suspensão dianteira pode variar entre 130 e 170 mm. Devido à geometria de seu quadro e suspensão, ela se torna desconfortável para o uso cotidiando ou em longos percursos.

DUAL SLALOM – Num circuito, que pode ser de terra ou asfaltado, com duas pistas similares, dois participantes percorrem o trajeto buscando finalizá-lo antes do outro.

TRIAL – Essa modalidade exige que o competidor transponha obstáculos diversos. Num circuito pré-determinado, o objetivo da prova é a transposição de objetos como caixas, carros, escadas, ou qualquer artigo que desafie a habilidade e o equilíbrio do competidor para se manter em cima da bicicleta. Não vale colocar o pé no chão!

Foto: Fabio Arantes

Quanta variedade, não? Cada modalidade dessas exige uma bicicleta com características específicas. Se você está começando a pedalar, mesmo que dinheiro não seja uma limitação, recomendo comprar uma bicicleta intermediária.
Um bom quadro permite que você faça upgrades ou melhorias dos componentes. Por outro lado, se resolver encostá-la na garagem, não terá gasto uma fortuna para ficar empoeirando num canto.
Uma bicicleta com suspensão dianteira é um coringa. Ela pode ser utilizada tanto no asfalto quanto na terra. Se o orçamento permitir, essa bicicleta lhe dará bastante flexibilidade.

DOWNHILL – É uma categoria praticada apenas em descidas. Um traçado é feito numa montanha e os competidores devem descer o percurso no menor tempo possível. A prova é contra-relógio e ganha quem realizá-la em menor tempo. Existem algumas variações como o 4X onde quatro competidores partem ao mesmo tempo, ganhando quem chegar primeiro. As provas são feitas em sua maioria em montanhas, mas várias são realizadas em centros urbanos. Seus percursos são pequenos, normalmente entre 500 m e 6 km. As bicicletas Downhill são verdadeiros tanques, cuja finalidade é percorrer descidas. Reforçadas, seus pesos podem superar facilmente os 20 kg e a suspensão ultrapassar os 200 mm. Normalmente são responsáveis pela introdução de novas tecnologias. Muitos de seus modelos não possuem conjunto de transmissão, usando apenas uma marcha.

Mountain bike Capítulo 1

RAIOS X DA BICICLETA

- Guidão
- Alavancas de câmbio e freio
- Cabos de freio e câmbio
- Conduíte do cabo de freio
- Garfo
- Mesa
- Headset
- Quadro
- Freio dianteiro a disco
- Pedal
- Cubo de roda
- Assento
- Câmbio dianteiro
- Abraçadeira
- Aro
- Coroas
- Pedivela
- Corrente
- Pneu
- Raio
- Câmbio traseiro
- Cassete

Freio traseiro a disco: oferece frenagens mais eficientes.

Entendendo os componentes

A seguir, vamos descrever a função dos principais componentes da bicicleta. No capítulo sobre upgrade, você verá uma descrição detalhada de cada um.

Sistema de câmbio

A troca de marchas, ou seja, a combinação entre a coroa dianteira e as catracas traseiras, é feita por três componentes. O primeiro deles é a alavanca de câmbio, que fica no guidão, normalmente incorporada à alavanca de freio. Existem duas alavancas, uma para as coroas e outra para as catracas. As alavancas enviam um comando para o câmbio traseiro ou dianteiro indicando se ele deve subir ou descer uma marcha. A "caixa de transmissão" da bicicleta, que hoje é composta pelo conjunto de coroas, cassete, corrente e pedivela, deverá dar espaço para sistemas integrados ao quadro da bicicleta. A vantagem desses sistemas é proteger a bicicleta contra elementos da natureza e impactos provocados por quedas, além de melhorar a distribuição do peso.
No site www.g-boxx.org/english/index.htm o leitor poderá encontrar mais informações, em inglês, sobre as tecnologias usadas por diferentes fabricantes no desenvolvimento dessas "caixas de transmissão".

Freios – Numa montain bike você encontrará três tipos diferentes de freio

Cantilever – É o freio mais antigo e equipa as bicicletas mais baratas. Ele funciona como uma pinça que ao ser puxada por um cabo de aço fecha suas hastes comprimindo as sapatas de freio contra o aro. Esse mecanismo apresenta uma grande perda de eficiência e não permite freadas rápidas.

V-brake – Esse tipo de freio usa braços mais longos e uma geometria que simula um V, cujas as hastes se fecham contra o aro. Ele é muito eficiente e permite paradas rápidas. Esse modelo equipa a maioria das mountain bikes intermediárias e topo de linha.

Freio a disco – Usado nos modelos mais sofisticados, ele é o mais eficiente. Funciona com a mesma precisão em tempo seco ou sob chuva e na lama. Existem modelos acionados por cabos de aço e outros por sistema hidráulico.

Suspensão

A suspensão dianteira se incorpora ao garfo da bicicleta. Seu funcionamento é feito através de molas, a ar ou hidráulico. O curso, ou distância do amortecedor, pode variar de 70 até mais de 200 mm dependendo do uso da bicicleta.

Alguns modelos permitem regular a dureza da suspensão e travar seus movimentos, um recurso muito útil em subidas. Ao pedalar numa subida, principalmente quando você fica em pé, a força que é feita acaba empurrando a suspensão e isso causa desconforto e perda de eficiência. A suspensão traseira muda muito de formato, dependendo do desenho do quadro.

Roda

As rodas são compostas de três itens principais: aro, cubo e raios. A maioria das moutain bikes utiliza rodas com a medida de 26". Elas são feitas, quase sempre, de aço, alumínio, titânio ou carbono.

Dependendo do uso da bicicleta, é vital ter uma roda resistente ou muito leve. Competições de Downhill ou Trial exigem um esforço muito grande das rodas e pneus.

O cubo é a parte central da roda, ou seja, o seu eixo. Nele são presos os raios da roda e o cassete de catracas.

A força do impacto num salto pode ser fatal para o conjunto de rodas e pneus

Os pneus

Os pneus são o ponto de contato da bicicleta com o solo e possuem a função de amortecedores primários, absorvendo as irregularidades deste. Eles têm diferentes larguras e desenhos da banda de rolagem de forma a se adequarem a um determinado tipo de terreno ou prática esportiva. Atualmente, existem pneus especializados, com desenhos diferentes para as rodas traseiras e dianteiras, assim como para as modalidades Cross Country, Downhill e para o asfalto. A maioria dos pneus de mountain bike é feita de borracha e uma malha de aço. Para aliviar peso, alguns pneus utilizam o Kevlar, uma fibra maleável e altamente resistente a impactos, no lugar do aço. Ele é utilizado em coletes e pneus à prova de bala. Um pneu de Kevlar pode ser até 300 g mais leve do que um pneu convencional com as mesmas medidas.

Pedal

O contato do ciclista com a bicicleta é feito através de três pontos: guidão, selim e pedais. As mãos são usadas para conduzir a direção da bicicleta e os pés para produzir a energia necessária para impulsioná-la. A correta disposição dos pedais é fundamental para o conforto do ciclista e para a performance da sua pedalada.

O taquinho, peça de metal respónsável pelo encaixe do sapato no pedal

Existem diversos tipos de pedais, que, como outros componentes da bicicleta, são desenvolvidos para uma finalidade específica. Os pedais podem ser classificados em duas categorias: plataforma e encaixe. Os de plataforma são mais comuns. Eles são feitos de diversos materiais como aço, alumínio e até mesmo plástico. Seus modelos podem ter bordas com dentes para oferecer mais atrito com o sapato ou lisas. Os pedais de encaixe, chamados também de "clipless", em inglês, são feitos para serem usados com sapatilhas, ou tênis especiais que possuem uma peça de metal, chamada taquinho, que se encaixa numa reentrância do pedal. Eles proporcionam mais potência à pedalada pois você pode empurrar o pedal para baixo e puxá-lo para cima. Com um pedal convencional você pode apenas empurrá-lo para baixo.

Não existe um padrão para pedais de encaixe. Duas marcas dominam o mercado: a Look e a Shimando com o sistema SPD.

Alguns pedais são híbridos, sendo de plataforma de um lado e de encaixe do outro. Esse tipo de pedal traz o melhor dos dois sistemas

Um outro sistema, mais antigo, de presilha para os pés é chamado de firma-pé ou sapatilha. Ele permite encaixar qualquer tipo de tênis

Pedais clipless

Nesse capítulo você teve uma visão detalhada da bicicleta. Conheceu seus principais componentes e a relação que existe entre eles. No próximo capítulo, você aprenderá como escolher o tamanho correto da bicicleta.

19

O tamanho

ideal

CAPÍTULO 2

Assim como um sapato ou uma roupa, a bicicleta possui tamanhos que são compatíveis com a estatura das pessoas. Usar uma muito pequena ou muito grande irá trazer de imediato um desconforto ao pedalar, além de problemas físicos que podem resultar em sérias lesões.

É claro que para uma pedalada leve, em que haja lazer, você pode usar uma bicicleta que não seja do seu número. Não perca a oportunidade de alugar uma bike para passear pela cidade que estiver visitando numa viagem. Contudo, para a sua própria bike, leve em conta a escolha correta do tamanho dela.
Este é formado pela combinação do tamanho do quadro, pedivela e de ajustes da altura do selim e guidão.
Em livros e revistas você encontrará diversas fórmulas para achar o tamanho ideal da bike. Muitas sugestões são subjetivas e algumas fórmulas são colocadas de maneira tão complexa que até desestimulam a sua aplicação.

Peculiaridades físicas

Seu número de sapato pode ser, por exemplo, 41, mas certamente você já comprou algum par que era do número 40 ou 42. Isso porque alguns modelos possuem o bico mais fino, outros mais largos e alguns fabricantes usam medidas mais apertadas ou mais folgadas em suas linhas de montagem. Com a bike isso também acontece. As mountain bikes possuem tamanhos expressos pela altura do tubo vertical onde o canote do selim é encaixado. Essas medidas são expressas em polegadas. Já, para bicicletas de estrada, o mais comum é em centímetros.

Para escolher o tamanho ideal da bicicleta, recomendo o seguinte caminho:
• consulte uma tabela de altura – como aquela que será mostrada mais a frente nesse capítulo – para chegar ao tamanho mais provável da bicicleta;
• faça um teste em cima da bike para checar se o tamanho está compatível com a sua altura;
• verifique a altura do selim e a distância/altura do guidão;
• faça os ajustes necessários.

O tamanho do quadro

Para uma bicicleta de mountain bike, o tamanho é normalmente expresso em polegadas; enquanto para uma bicicleta de estrada, em centímetros. Vamos tomar por base um quadro tradicional.

A1 Altura do tubo do selim (centro ao topo) (C-T)
A2 Altura do tubo do selim (centro a centro) (C-C)
B Tubo superior (C-C)
C Comprimento da mesa (C-C)

A tabela de altura

A altura do ciclista é a primeira medida a ser considerada para encontrar o tamanho correto da bike. A altura do cavalo, ou seja, a altura da parte interna da coxa é a medida que realmente irá determinar o ajuste fino para encontrar o tamanho de quadro correto.

Duas pessoas com a mesma altura podem ter dimensões de pernas e braços diferentes. Algumas possuem o tronco mais longo e pernas, proporcionalmente, menores. Em pessoas altas, principalmente, a diferença na altura do cavalo pode chegar facilmente a 3 cm.

Para medir a altura do cavalo corretamente

Para medir a altura do cavalo, você pode pedir ajuda a alguém ou fazê-lo sozinho. Aqui vai uma sugestão.

Encoste suas costas em uma parede. Coloque um livro entre as pernas, com a lombada para cima, pressionando levemente a virilha. Faça uma marca na parede tomando a lombada do livro como medida. Meça a altura em centímetros. De posse do número obtido, realize os seguintes cálculos:

Para encontrar o tamanho do quadro de uma bicicleta de estrada, multiplique o valor da altura do cavalo por 0,65.

Para encontrar o tamanho do quadro de uma mountain bike, subtraia 10 cm desse valor e divida por 2,54, ou seja, o valor de uma polegada, para encontrar o tamanho do quadro em polegadas.

- Veja um exemplo com minhas medidas.
- Altura: 1,90 m
- Altura do cavalo: 92 cm
- Usando a fórmula: 92 x 0,65 = 59,8 = 60 cm
- Tamanho do quadro de estrada: 60 cm
- 60 - 10 = 50
- 50 / 2,54 = 19,68 = quadro tamanho 20"
- Se você tomar a minha altura (1,90 m), e consultar a tabela verá que é recomendado um quadro de 20 a 22"

Altura do cavalo

Tabela de altura

Essa tabela traz as medidas mais prováveis de quadro dada a altura do ciclista

Altura do ciclista (m)	Comprimento (A2)		Altura (A1)	
	Mt. Bike	Estrada	Mt. Bike	Estrada
1,50 a 1,60 m	20,5 a 21,5"	48 a 50 cm	13 a 15"	46 a 48 cm
1,55 a 1,65 m	21,0 a 22,0"	49 a 51 cm	14 a 16"	47 a 50 cm
1,60 a 1,70 m	21,5 a 22,5"	51,5 a 54 cm	15 a 17"	51 a 53 cm
1,65 a 1,75 m	22,0 a 23,0"	52 a 55 cm	16 a 18"	52 a 55 cm
1,70 a 1,80 m	22,5 a 23,5"	54 a 57 cm	17 a 19"	53 a 56 cm
1,75 a 1,85 m	23,0 a 24,0"	56 a 58 cm	18 a 20"	54 a 58 cm
1,80 a 1,90 m	23,5 a 24.5"	57 a 59 cm	19 a 21"	56 a 59 cm
1,85 a 1,95 m	24,0 a 24,5"	58 a 60 cm	20 a 22"	57 a 60 cm
1,90 a 2,00 m	24,5 a 25,0"	59 a 62 cm	21 a 23"	58 a 63 cm
2,00 m ou +	25,0 ou +	63 ou +	23" ou +	63 cm ou +

Capítulo 2 — O tamanho

Uma vez que o tamanho da bike foi encontrado, o próximo passo é fazer um teste prático. Preferências pessoais são decisivas. Algumas pessoas, como é o meu caso, preferem pedalar numa posição mais vertical, privilegiando o conforto. Outras preferem uma posição mais inclinada, dando prioridade à performance. Se for comprar uma bicicleta nova, perceba que existem variações em seus componentes e que eles podem fazer com que duas bikes de mesmo tamanho de quadro se mostrem com um "encaixe" diferente para seu corpo.

Você perceberá que mesmo estando num quadro de dimensões ideais, a sensação de conforto pode ser diferente em função da distância e da altura do guidão em relação ao chão e ao selim. A mesa do guidão, peça que liga o guidão ao garfo da bicicleta, varia muito de tamanho e inclinação. Esses ajustes serão abordados mais adiante.

A posição do selim

Com o tamanho do quadro definido, é importante ajustar a altura do selim para que você tenha uma combinação de conforto e performance adequadas.

Aqui as preferências pessoais também são decisivas. Mas você pode usar algumas dicas para chegar ao ajuste ideal. Essas dicas também valem para bicicletas de spinning ou ergométricas.
Fique ao lado da bike e coloque o selim na altura do osso sacro.
A partir daí, suba na bike e aumente ou diminua a altura em função de seu próprio cavalo. Com o calcanhar apoiado no pedal, você deve achar um ajuste onde sua perna não fique totalmente reta. É necessário ter uma leve inclinação do joelho.
Essa inclinação é subjetiva. Lembre-se sempre de evitar um ângulo excessivo dos joelhos.

Um selim muito baixo faz com que o ciclista pedale com as pernas curvadas, num ângulo onde os joelhos são forçados além do necessário – além de diminuir a potência da pedalada. Essa posição força demasiadamente os ligamentos, músculos, cartilagem e tendões.

Um selim muito alto também não é ideal pois força as panturrilhas e virilha; além de obrigar o ciclista a pedalar "nas pontas dos pés", oferecendo, com isso, um risco extra na hora de parar a bike, pois obrigara uma excessiva inclinação lateral da bicicleta para que se consiga colocar o pé no chão.

A posição da mesa e do guidão

É importante definir qual é o estilo de pedalada mais freqüente que você pratica para poder ajustar ou até trocar a mesa ou o guidão. Como "regra genérica" você pode considerar o seguinte: para buscar mais conforto, use uma mesa alta e para obter mais aerodinâmica, use uma mesa baixa. Faça testes e veja a altura que melhor se adapta a você. Uma dica, mais uma vez subjetiva, para achar uma distância ideal entre o guidão e o banco é a seguinte: encoste o cotovelo na ponta do selim e estenda o braço: a posição alcançada pela ponta do dedo médio é a distância ideal para o guidão estar posicionado.

A bike ao lado tem o quadro muito grande para a ciclista. O guidão deveria estar próximo à ponta dos dedos. Uma solução possível é colocar uma mesa mais curta

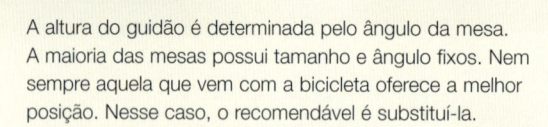

A altura do guidão é determinada pelo ângulo da mesa. A maioria das mesas possui tamanho e ângulo fixos. Nem sempre aquela que vem com a bicicleta oferece a melhor posição. Nesse caso, o recomendável é substituí-la.

Na minha bicicleta, troquei a mesa original por uma mais curta e inclinada

Comprimento e inclinação diferentes em quatro modelos de mesas

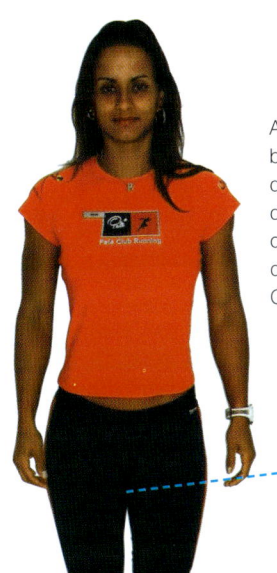

A altura do cavalo é a medida pela qual o banco deve ser ajustado. A altura do guidão deve ficar nivelada ou ligeiramente mais baixa do que a do banco. A distância deste para o centro do guidão pode ser obtida com a soma da distância do antebraço e mão esticada.
O dedo médio deve ficar na linha do guidão.

O tamanho do pedivela

O pedivela também é um componente que influi na relação entre conforto e potência da pedalada. Normalmente sua troca é feita por quem já está num nível mais profissional – visando participar de competições, por exemplo – ou ainda por amadores que já criaram uma ligação com a bicicleta a tal ponto de fazer esse tipo de ajuste fino. Entretanto, achamos importante mencionar que existem diferentes comprimentos de pedivela.

Quanto mais longo o pedivela, mais potência ele produzirá; porém, fica mais difícil manter uma rotação alta de pedalada. As diferenças de comprimentos são pequenas, e o ajuste estaria relacionado com a altura do cavalo.

Tamanho do cavalo	Pedivela recomendado
Até 73,5 cm	165 mm
Até 81 cm	170 mm
Até 86,5 cm	172 mm
Mais de 86,5 cm	175 mm

Resumo
Escolher o tamanho correto da bicicleta e fazer os ajustes específicos para que ela atenda perfeitamente suas necessidades de pedalar, oferecendo conforto e minimizando os riscos de lesões ou dores, é fundamental para sua vida de ciclista. O principal uso da bicicleta deve ser considerado na hora da compra e conseqüentemente na escolha do tamanho ideal. Todavia, suas preferências pessoais serão decisivas no momento de ajustar a bicicleta para a pedalada. Alguns componentes da bicicleta também podem ser trocados para que você atinja a melhor combinação entre conforto e performance.

Acessórios

CAPÍTULO 3

Agora que você sabe qual é a melhor bicicleta, não se esqueça de que alguns acessórios são essenciais. Assim como um carro, a bicicleta pode e deve ser complementada com uma série de acessórios.
A finalidade deles pode encaixar-se em algumas modalidades, tais como estética, segurança, conforto e manutenção. Tudo isso para tornar sua experiência de pedalar algo mais agradável, seguro e confortável.

Capítulo 3 — Acessórios

CONFORTO

Alguns itens permitem que você pedale mais confortavelmente.

Bancos de gel

O banco ou selim da bicicleta é um dos pontos-chave para se obter mais conforto. Sua escolha vai depender de cada pessoa e do principal uso da bicicleta. Quem busca conforto pode optar por bancos ou capas de gel que podem ser sobrepostas a qualquer selim de bicicleta.
Para oferecerem conforto, os bancos de gel são maiores e mais largos. Em contrapartida, são mais pesados do que os bancos convencionais. Para longas pedaladas, um banco de gel é fundamental. No entanto, se você usa esportivamente a bicicleta com certeza um banco mais leve será a escolha ideal para essa prática.

Banco de gel e um selim convencional

Canote com suspensão

Quem tem uma bicicleta Hard Tail pode obter mais conforto utilizando um canote com suspensão. Ele possui uma mola que absorve impactos e substitui da suspensão traseira.
Se você usa uma única bicicleta para diversos tipos de atividade, uma dica que lhe dou é ter banco de gel e canote com suspensão para longas pedaladas e ou cicloturismo, e outro conjunto de banco pequeno e canote leve para trilhas e atividades diversas onde se abre mão do conforto em favor do desempenho.

Canote com suspensão e canote tradicional

Caramanhola

Hidratação é muito importante. A maioria das bicicletas permite que você acople uma garrafa de água, ou caramanhola, ao quadro. A maioria dos modelos possui capacidade entre 500 e 750 ml. O material das garrafas é plástico ou alumínio. Existem modelos que possuem um revestimento térmico entre a parede externa da garrafa e o seu interior; assim retarda-se o aquecimento do líquido. Se você costuma usar bebidas isotônicas, considere ter uma caramanhola de alumínio, pois caso contrário o gosto da bebida ficará impregnado no plástico. Se o quadro da bicicleta permitir, recomendo ter dois suportes para aumentar assim sua capacidade de hidratação.

Alguns modelos possuem uma tampa que evita que o bico da caramanhola se suje de terra

Bolsas de transporte

Para carregar pequenos objetos, você pode colocar uma bolsa de acessórios na bike. Elas são extremamente úteis para carregar a câmara de reserva, ferramentas, e outros pequenos objetos. Um modelo muito prático é aquele que se encaixa debaixo do selim, pois não ocupa muito espaço e não interfere na aparência da bike. Outros modelos podem ser encaixados nos tubos superior e vertical. Contudo, o uso de um ou outro tipo de bolsa vai depender da geometria do quadro da sua bicicleta.

Bicicletas do tipo Full Suspension normalmente não aceitam esse tipo de bolsa devido ao desenho do quadro

Bolsa de guidão

Se você costuma fazer pedaladas mais longas, ou carrega uma câmara e outros objetos, a bolsa de guidão é uma ótima idéia. Existem modelos que são presos através de tiras com velcro e outros através de um suporte plástico.

Para levar câmaras e pequenos objetos, a bolsa de guidão é muito prática

Os modelos de encaixe são mais práticos pois permitem prender e soltar a bolsa em dois segundos; contudo são muito mais caros

A bolsa de guidão produzida pela Arara Una (www.ararauna.esp.br) é muito prática pois ela pode ser usada na cintura ou a tiracolo

Pára-lamas

Quando você pega trilhas, estradas com barro, ou até mesmo asfalto com chuva, é inevitável que suas costas fiquem sujas pela água ou barro jogados por meio das rodas. Existem modelos de pára-lamas fixos ou removíveis. Dependendo da sua prática, uma boa idéia é ter um pára-lama removível e usá-lo quando for conveniente.

Bagageiro

O bagageiro é uma estrutura de metal presa ao quadro da bicicleta com a finalidade de oferecer uma área para transportar objetos, ou até mesmo pessoas. Numa mountain bike sua utilização normalmente é associada ao uso de alforjes ou cicloturismo.

Se você utilizar a bicicleta com freqüencia, principalmente na cidade, certamente encontrará momentos onde um bagageiro pode fazer falta.

O modelo mais tradicional é preso na extremidade inferior do quadro, próximo ao eixo da roda traseira, e na parte superior do quadro ou canote do selim.

O uso de bagageiros ficar restrito nas bicicletas com suspensão traseira, pois, em geral, não há como fixar o bagageiro devido a movimentação do quadro.

Nesses casos é possível usar um minibagageiro que é preso ao canote do selim e que funciona até mesmo como um pára-lama.

Cadeados e trancas

Tomara que o leitor nunca tenha passado pela má experiência de ter uma bicicleta roubada. Mas quem já passou por isso sabe que todo cuidado é pouco. Para minimizar as possibilidades de um furto, é aconselhável que você tenha uma tranca ou corrente com cadeado que permita prender a bicicleta em algum local de onde não possa ser levada.
A regra é simples: quanto mais dificuldades você proporcionar ao ladrão, mais chances de desestimulá-lo você terá.
Existem três modelos básicos de sistemas de segurança para bicicletas. Todos implicam no uso de uma corrente de cabo de aço flexível ou rígido, acoplada a algum tipo de cadeado. Os cadeados podem ser com chaves ou combinação numérica.
Se você gastou um bom dinheiro na sua bicicleta, não economize comprando um sistema de proteção que custa R$ 1,99.

Prender as rodas ao quadro é importante para quem tem sistema de blocagem rápida

Algumas correntes são bem curtas e servem apenas para prender a roda ao quadro. Você pode utilizá-las, para evitar que levem a roda caso tenha um sistema de blocagem rápida, mas considere ter uma corrente maior para poder prender a bicicleta num poste, cerca ou outro objeto. Você deve avaliar o peso e tamanho do sistema de proteção.

Luzes dianteiras

É muito provável que suas pedaladas sempre ocorram durante o dia. Mesmo assim, ter uma lanterna fixa ou removível na bicicleta é muito importante pela segurança que ela lhe oferece. Quem faz longos passeios pode enfrentar algum atraso e acabar voltando para casa depois de escurecer.

Lanternas são acessórios com muitos tamanhos e formatos. A maioria possui um engate que lhe permite removê-la para evitar seu furto.

Um modelo interessante é produzido pela Cat Eye. Ele pode ser preso ao guidão por uma cinta de borracha ou ao capacete

Luzes traseiras

Assim como a iluminação dianteira é importante para você ver o que vem pela frente, a lanterna traseira aumenta sua segurança, permitindo que outras pessoas e veículos percebam sua bicicleta a uma distância maior. Opte por modelos que piscam, pois chamam mais a atenção do que uma luz contínua.

Refletores

São peças de plástico que refletem a luz que incidem sobre elas. Podem ser colocadas nas rodas, no canote do banco ou suporte de freio. Alguns pedais também possuem pequenos refletores. Tudo que você puder fazer para ser melhor visto, aumentará sua segurança.

Espelhos

Pedalar e olhar para trás para ver se algum veículo se aproxima é sempre um risco para o ciclista. Uma fração de segundos na qual se olha para trás pode ser o suficiente para que surja um obstáculo a nossa frente e, causando então algum acidente sério.

Ao olhar para trás é comum acontecer do ciclista virar um pouco o guidão, até mesmo sem perceber, e com isso se colocar na frente de um carro que se aproxima. Existem espelhos de diversos tamanhos e formatos. A maioria para ser encaixado no guidão.

Buzina

A buzina é importante, principalmente se você anda na cidade. Chamar a atenção das pessoas com uma buzina é melhor do que gritar. Existem modelos bem discretos e pequenos e até os exagerados, como aquelas buzinas de corneta típicas de caminhão.

GPS

Usando o sistema de posicionamento global (GPS), alguns ciclocomputadores utilizam um sistema de satélites para calcular velocidade, altitude e demais dados da pedalada. Além disso, podem gravar a rota pedalada e transferir os dados para o computador. Usando softwares específicos, podemos obter gráficos e mapas com dados estatísticos das pedaladas.

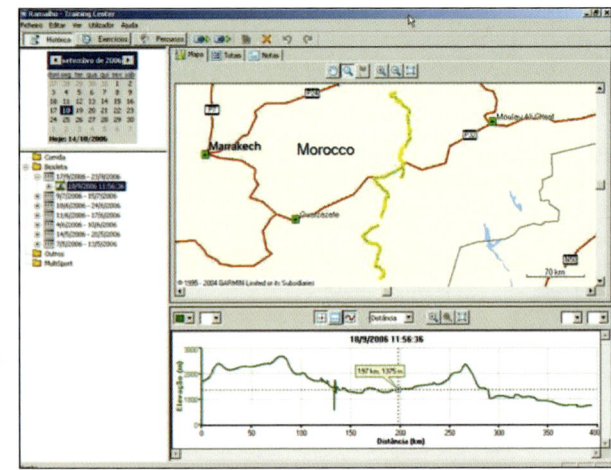

Esses dados podem ser analisados e comparados caso você esteja treinando para competições ou simplesmente fazendo um programa de preparação física.

O programa Google Earth mostrando uma rota de pedalada

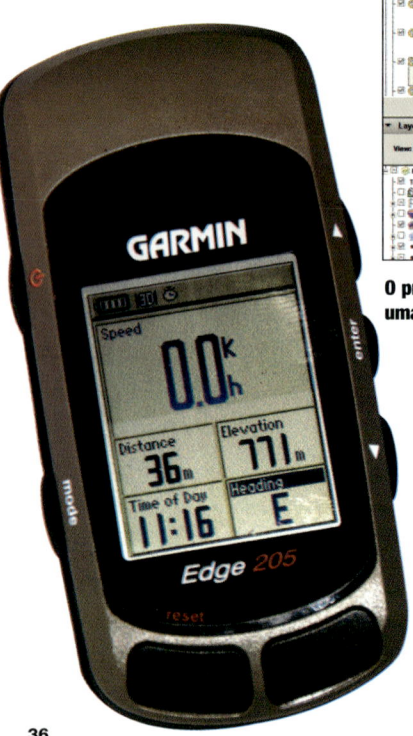

Ciclocomputador

O computador de bordo ou ciclocomputador é um item muito importante pois lhe permite armazenar dados sobre sua pedalada.

Os modelos mais simples possuem pelo menos cinco funções

- Velocidade atual
- Distância percorrida do trecho (odômetro parcial)
- Distância percorrida total (odômetro total)
- Tempo da pedalada
- Relógio

Modelos mais sofisticados podem acrescentar

- Velocidade máxima
- Velocidade média
- Temperatura
- Altitude
- Cadência (quantidade de pedaladas por minuto)

Os modelos mais usados têm um sensor magnético ligado por um fio. Este é colocado junto ao garfo para calcular através de uma peça magnética colocada em um dos raios a quantidade de giros que a roda dá. Existem modelos mais sofisticados que não usam fios, chamados de wireless. Esses modelos são ideais para bicicletas com suspensão.

O monitor cardíaco RP109 da Oregon Scientific incorpora as funções de um ciclocomputador como velocímetro distância percorrida, cadência, altímetro e termômetro.

Nesse capítulo, procuramos lhe dar uma idéia geral dos acessórios que podem ser usados em sua bicicleta. Uma parte deles é obrigatória, e a outra vai depender do estilo de cada um e da finalidade da pedalada.

O ciclista

4
CAPÍTULO

Assim como a bicicleta, o ciclista pode estar equipado com acessórios que aumentarão a segurança, o conforto e a experiência de pedalar. Algumas práticas e hábitos só são adquiridos ao pedalar com freqüência.
Eu pedalei muitos anos sem usar nenhum tipo de roupa específica para ciclismo, tampouco capacete. Mas a partir do momento que se começa, você não pára mais.

Vestuário do ciclista

À medida que você vai pedalando, descobrirá que uma roupa apropriada faz muita diferença, principalmente em longas pedaladas. Exposto ao clima, o ciclista precisa se proteger do sol, chuva, frio, calor, vento e poeira. Às vezes, tudo isso de uma só vez. Ao planejar um roteiro para pedalar, o ciclista deve levar em conta o tipo de clima que encontrará e se preparar para as intempéries.

Segurança

Independentemente do clima, alguns acessórios de segurança devem estar sempre presentes.

Capacete

Eu sempre digo: quem não é cabeça dura tem que usar capacete. A maioria dos acidentes fatais com ciclistas resulta em traumatismo craniano.
Tem gente que usa capacete só quando pega uma trilha ou estrada. Mas não usa o capacete em trajetos curtos. Uma queda não tem hora para acontecer. Você pode estar parado com a bicicleta e por um descuido se desequilibrar, cair e bater a cabeça no chão.
Os capacetes para ciclismo são feitos, em sua maioria, de um tipo especial de isopor ou poliestireno, resistente a impactos e pintado em cores diversas.
Os capacetes possuem muitas entradas de ar para ajudar na refrigeração da cabeça.
Quanto mais entradas, mais ar recebe o couro cabeludo. Os modelos com mais entradas também são mais leves.

Ajuste o capacete para ele ficar sem folgas ou demasiadamente apertado

A vida útil do capacete é bem específica. Uma vez danificado por um impacto, deve ser jogado fora. Sua função é rachar para absorver o impacto e poupar sua cabeça. Assim como um sapato, o capacete precisa se ajustar ao tamanho da sua cabeça. Ele não pode ficar apertado, pois você terá dor de cabeça e um desconforto constante, nem folgado, pois no caso de uma queda, ele pode sair da posição e expor sua cabeça ao impacto.

Luvas

Uma luva tem três funções: proteger suas mãos no caso de uma queda, amortecer o impacto e o atrito da mão com o guidão e oferecer mais aderência ao guidão. No caso de uma queda, quase sempre as mãos são o ponto de apoio do ciclista para amortecer o impacto. O atrito contra o solo pode causar escoriações e ferimentos sérios às mãos.

São mais comuns os modelos sem dedos, e cujo tecido nas costas da mão é vazado para diminuir o aquecimento e transpiração. Muitos deles têm algum tipo de acolchoamento nas palmas, e com isso diminui-se o impacto contra o guidão.

Os modelos com dedos são mais protetores. Existem os mais refrigerados ou totalmente fechados, para quem vai pedalar em clima frio.

A luva também ajuda na aderência da mão à manopla. A partir do momento em que as mãos do ciclista transpiram, estas tornam-se escorregadias, aumentando assim a chance de escaparem da manopla em alguma manobra. Outro ponto importante é evitar bolhas e reduzir calos nas mãos. Algumas luvas possuem um forro acolchoado que ajudam a amortecer os impactos. Depois de longas jornadas, é comum a dormência dos dedos devido ao constante impacto do guidão.

Óculos

Ao pedalar, o uso de óculos deve obedecer às regras de segurança e não às de estéticas. Proteger a visão dos raios solares é essencial. Longas horas de exposição ao sol sem a proteção de óculos, contribuem para adquirir doenças oculares como a catarata. Os raios ultravioleta do sol (UVA e UVB) são prejudiciais à visão, além de potenciais agentes causadores da catarata e doenças da retina. Com muita luz, a tendência é fechar os olhos, franzindo o rosto e acelerando o processo de formação de rugas. Invista num bom par de óculos. Deixe de lado os óculos de 10 reais vendidos em camelôs. A cor da lente não é o fator mais importante na proteção contra os raios solares, mas sim o uso de filtros específicos para reduzir a incidência dos raios UVB e UVA. Em outras palavras, óculos com lentes muito escuras que não possuam esses filtros, dão a impressão de estar lhe protegendo, mas na verdade estão acelerando o processo degenerativo, pois você acaba ficando mais tempo exposto ao sol achando que está protegido.

Segundo o Dr. Marco Antonio Muzilli, oftalmologista, o ideal é levar os óculos a um oftalmologista que pode testar a qualidade do filtro, pois mesmo comprando os óculos numa loja, você pode estar comprando gato por lebre. Se você for pedalar em locais onde tenha neve ou gelo, proteja-se ainda mais.

Alguns modelos possuem lentes intercambiáveis com duas ou três opções. Esses óculos são ideais para viagens onde você pode usar lentes mais escuras durante o dia e lentes mais claras no início da noite, ou em dias nublados. Existem modelos com lentes individuais e outros com lentes inteiriças. Além da proteção contra os raios solares, o uso de óculos também é importante para proteger os olhos do impacto contra insetos. Já conheci casos de ciclistas que levaram tombos muito graves depois de serem atingidos por insetos e se desequilibrarem na tentativa de tirar o bicho dos olhos. Eu tive uma experiência desse tipo durante minha pedalada no caminho de Santiago. Um enorme besouro se estatelou contra a lente dos meus óculos. Se eu não estivesse com eles, poderia ter algum problema mais sério.

Lentes intercambiáveis individuais

Alguns modelos possuem um encaixe para lentes de grau

Lentes inteiriças quebram mais facilmente

Protegendo cabeça e rosto

A cabeça, e particularmente o rosto, é a parte do seu corpo mais exposta ao vento e frio. É pela cabeça que se perde mais de 50% do calor do corpo em locais muito frios. Existem duas peças que podem tornar a pedalada em ambientes muito frio mais confortável. Um gorro, para proteger a cabeça e as orelhas, e uma máscara para o rosto.

Para proteger o rosto do frio você pode utilizar uma máscara

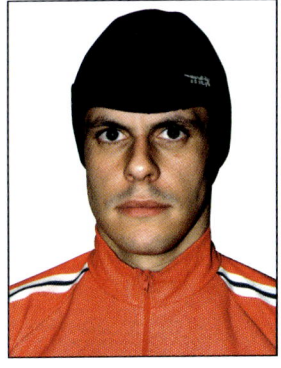

Para proteger a cabeça use um gorro témico

Vestuário

De posse do capacete, luvas e óculos, você pode iniciar sua pedalada. Agora o importante é estar vestido adequadamente. Pedalar é gostoso vestido de qualquer forma. Da cena bucólica da moça pedalando com a cestinha de flores, trajando aquele vestido pueril, ao ciclista profissional que usa um tecido desenvolvido pela Nasa e que lhe ajuda na velocidade, você terá muitas opções.

Vestuário para calor

O vestuário para clima quente é composto basicamente por bermuda e camiseta.

Camisas — As camisas para ciclismo de estrada são justas para ajudar na aerodinâmica. Para a prática do mountain bike isso não é tão necessário, principalmente para quem vai pedalar por lazer e não por competição. Contudo, recomendo que a camisa seja justa, mas não exageradamente, assim evita-se o atrito do tecido com a pele. Muitas vezes imperceptível, esse atrito pode se tornar incômodo em longas pedaladas. É comum alguns ciclistas sentirem dores nos mamilos sem saber o por quê. O tecido deve ser confortável e ter características que permitam uma secagem rápida. Tecidos tecnológicos transferem o suor para a parte externa, fazendo com que sequem mais rapidamente. Pensando em segurança, busque cores vivas. Estas facilitam os ciclistas serem vistos por motoristas de outro veículos. Alguns modelos possuem zíper. Ele ajuda muito na refrigeração.

Bermuda/legging — A finalidade da bermuda para o ciclista é reduzir o atrito entre o tecido e a sua pele. Por ser justa e de tecido elástico, ela elimina o espaço entre a roupa e a pele.
Além disso, a bermuda ou legging de ciclismo possui um forro acolchoado que suaviza o impacto do selim com as partes mais delicadas do seu corpo. O tecido mais utilizado é a lycra, devido à sua elasticidade. A almofada acolchoada pode ser feita de diversos materais como espuma, gel ou camadas de tecidos, sendo que as melhores possuem proteção antibactérias. Para dias mais frios ou para se proteger do sol, uma calça comprida tipo legging, com as mesmas características da bermuda, é uma boa opção.

Sapatos

O calçado usado para pedalar é uma importante peça do vestuário. As opções mais comuns são os tênis e as sapatilhas.

O tênis — Ele deve ser confortável em qualquer circunstância. Do ponto de vista de segurança, o tênis usado para pedalar não deve ter cadarço pois não é raro o cadarço se enroscar na coroa e ou na corrente. Alguns modelos possuem uma aba de velcro que cobre o cadarço. Se usar tênis com cadarço, deixe o laço bem pequeno para evitar esse perigo.

A sapatilha — A sapatilha é um modelo especial de tênis que possui uma peça de metal chamada taco que se encaixa num pedal especial. Alguns modelos servem exclusivamente para pedalar. Possuem a sola rígida e não são seguros nem confortáveis para se andar.
Outros modelos combinam o sistema de encaixe num modelo de tênis, de forma que ele possa ser usado tanto para pedalar como para caminhar.

Vestuário para frio

Não vou dar um curso de metereologia, mas é bom você conhecer alguns dados relativos à temperatura ambiente e ao impacto de fatores como vento e altitude.
- A temperatura cai aproximadamente 1,8°C a cada 100 m de ascensão.
- Um vento entre 20 e 30 km/h pode fazer a sensação térmica "baixar" a temperatura 5 ou 10°C.

Portanto, planeje antes de se aventurar por aí. Pedalar é uma atividade que esquenta o corpo. Se você começa a pedalar com muita roupa, em poucos minutos estará transpirando e ficará molhado. Se a roupa estiver molhada e um vento frio batendo em você, as chances de ficar resfriado aumentam bastante.

É impossível, porém ficar seco pedalando. Mesmo com materiais tecnologicamente avançados, que retiram suor e o expelem através da trama do tecido, você sempre estará molhado. A idéia é reduzir isso ao máximo. A situação fica pior quando temos que usar roupa para chuva, afinal você não sabe se ficará mais molhado na chuva ou dentro do abrigo contra chuva!

Manguito/pernito

O manguito é um braço de camisa que pode ser vestido independentemente da camisa que se usa. Sua finalidade é esquentar os braços. O pernito é o equivalente para as pernas. A vantagem de se usar pernito e ou manguito é que à medida que o clima esquenta, você pode retirá-lo ou baixá-lo, ajustando assim a proteção térmica de que precisa. Alguns modelos possuem um tecido refletivo que se ilumina com a incidência de luz.

Na foto acima podemos ver o efeito do tecido refletivo do pernito; ele fica "aceso" ao bater alguma luz, nesse caso do flash. Note ao lado que o manguito foi baixado até os pulsos, pois a temperatura não exigia seu uso; igualmente o pernito, deixando livre parte da coxa

Corta-vento

O corta-vento é uma jaqueta que tem como função primária protegê-lo do vento. Além disso, pode servir como proteção contra a água que vem de fora (chuva) e de dentro (suor).
O grande problema de quem pedala é a transpiração, pois ela, é inevitável. O resultado é aquele conhecido. Camisetas encharcadas de suor. A situação se agrava quando você veste uma proteção contra vento ou chuva. Em muitos casos, mesmo totalmente protegido da chuva, você fica encharcado pelo suor. Existem tecidos com alta tecnologia que funcionam da seguinte forma: eles impedem a entrada da água e do vento mas permitem que o vapor de água do suor saia.

O segredo dessa tecnologia consiste no uso de material sintético poroso. Ele é permeável de dentro para fora e semi-impermeável de fora para dentro. Existem vários fabricantes desses tipos de tecido, entre eles: Wind-tex, Goretex, Simpatex, Drytex e Windstopper. Esses tecidos não são 100% impermeáveis. Seguram a água até um certo ponto, mas têm seus limites. Portanto, não devem ser usados como um protetor primário contra chuva.

Vapor de suor
Camada externa
Vento
Camada interior
Membrana Windstopper

Abrigo de chuva

É importante se proteger da chuva com uma capa ou jaqueta e calças à prova d'água. Procure produtos feitos para ciclismo, pois combinam pouco peso, costuras seladas e um interior que oferece pouco atrito. O abrigo de chuva também serve como um corta-vento. Considere o tipo de viagem ou jornada que fará, já que, em alguns casos, pode-se deixar o corta-vento e levar apenas o abrigo. No entanto lembre-se de que o abrigo esquenta muito mais que o corta-vento, por reter toda a transpiração.

Polainas

Pedalar por horas debaixo de chuva, pode ser inevitável. Às vezes o seu corpo está protegido, mas o calçado que você usa acaba ficando encharcado. Além da água da chuva que você recebe diretamente, tem aquela que escorre pelas pernas. Alguns modelos de polaina são da altura de uma botina e outros podem chegar até próximo do joelho.

Use roupas em camadas

Use roupas em camadas. Dessa forma é possível tirar ou colocar uma peça à medida que a temperatura mudar. A técnica da casca de cebola, com várias camadas, é ideal.
A primeira camada, em contato com a pele, deve ser de um tecido que permite a transferência do suor para fora. As camadas intermediárias podem ser de diversos tipos de tecido, como fleece, lycra ou poliéster. A última camada deve ser de um tecido corta-vento ou à prova d'água, dependendo das condições climáticas.
Como você viu, o ciclista precisa se equipar à medida que torna sua pedalada mais técnica ou longa. Você pode usar diversos tipos de roupa, mas algumas são feitas especialmente para quem pedala.
Como mensagem final desse capítulo, quero lembrar-lhe, capacete é muito importante. Não brinque com sua vida. Reduza as chances de um acidente fatal usando sempre o capacete.

Upgrade

CAPÍTULO 5

Fazer a atualização de componentes de uma bicicleta pode ser uma forma econômica de ter uma que atenda suas necessidades. Porém, é importante analisar o custo-benefício do investimento e compará-lo ao preço de uma bicicleta nova com características similares àquelas que terá sua "nova" bicicleta. Esta pode ter todos os seus componentes trocados: rodas, pneus, selim, guidão, grupo de tração, freios, enfim, tudo! Mas será que vale a pena? Aquela bicicleta de supermercado que custou 250 ou 300 reais é uma boa candidata a não receber uma suspensão dianteira que custa mil reais nem tampouco um grupo de componentes Shimano Deore XTR que custão mais de 2 mil reais. Contudo, alguns itens podem ser atualizados para lhe dar mais conforto ou segurança.

A hora da troca de componentes

A troca de componentes pode acontecer por vários motivos. Vamos listar três categorias principais:

Quebra

Se algum componente quebrou e não pode ser reparado, essa é uma boa hora para você fazer um upgrade, ou seja, melhoria da qualidade do componente. O mesmo caso vale para o componente que já apresenta sinais de desgaste. É sempre melhor trocá-lo preventivamente do que ficar a pé, empurrando a bicicleta. Por exemplo, ao pedalar você escuta uns "cranks" vindo dos pedais ou do movimento central. É bom levar a bike à bicicletaria para ver o que está acontecendo.

Conforto

Sua bicicleta pode ter componentes que lhe darão mais conforto, como foi visto em capítulos anteriores. Pode ser que você tenha encostado sua bicicleta pois sempre que voltava de uma pedalada estava com algum tipo de dor provocada pela postura incorreta. Um novo banco pode resolver essa situação.

Performance

Você quer melhorar sua performance em atividades de competição ou mesmo nas de lazer mais técnicas. Nesse aspecto os componentes oferecem mais resistência ou, principalmente, menos peso. Conforme você ganha experiência, melhora sua técnica de pedalar e suas exigências com a bicicleta passam a ser maiores. Com exceção da categoria conforto, onde o investimento é sempre imediatamente bem aproveitado, nas demais você deve considerar o custo-benefício do investimento; senão, você pode acabar fazendo uma analogia com carros, tendo um carro com motor 1000 cc com suspensão de fórmula 1, ou seja, o novo componente acaba não tendo o efeito esperado pois o resto do conjunto não ajuda.

Nas próximas páginas, iremos tecer alguns comentários que poderão lhe ajudar na decisão de atualizar sua bicicleta ou partir para a compra de uma nova. O custo dos componentes individuais, se forem somados, custarão muito mais do que uma bicicleta nova que utilize os mesmos componentes. Como os fabricantes possuem descontos por volume nas suas negociações com os fornecedores, você verá que às vezes vale mais a pena trocar de bicicleta do que atualizar a suspensão e o grupo de tração. Porém, se o dinheiro não está sobrando, você pode, mesmo sabendo que sairá mais caro, ter uma bicicleta nova em algumas etapas.

• Troque o grupo de tração
• Troque a suspensão
• Troque o quadro
• Troque as rodas

No final desse processo você poderá montar sua velha bicicleta e ter uma de reserva. Quanto mais barata a bicicleta, mais pesada ela é e mais plástico é usado em seus componentes. Pedais, alavancas e hastes de freio, bancos são alguns deles. As chances de quebra desses componentes são muito maiores do que de seus equivalentes em metal. Trocá-los, principalmente freios e pedais, é uma questão de segurança.

▶▶ DICAS

Leve sua bicicleta a uma loja especializada e peça orientação sobre o que vale a pena ser atualizado. Consulte mais de uma loja, pois em alguns casos sempre terá um vendedor querendo lhe empurrar uma nova bicicleta, já que o negócio é mais rentável. Diga efetivamente que você não quer trocar de bike, apenas melhorar seus componentes.

Um pedal de plástico não tem vida útil muito longa e pode oferecer perigo

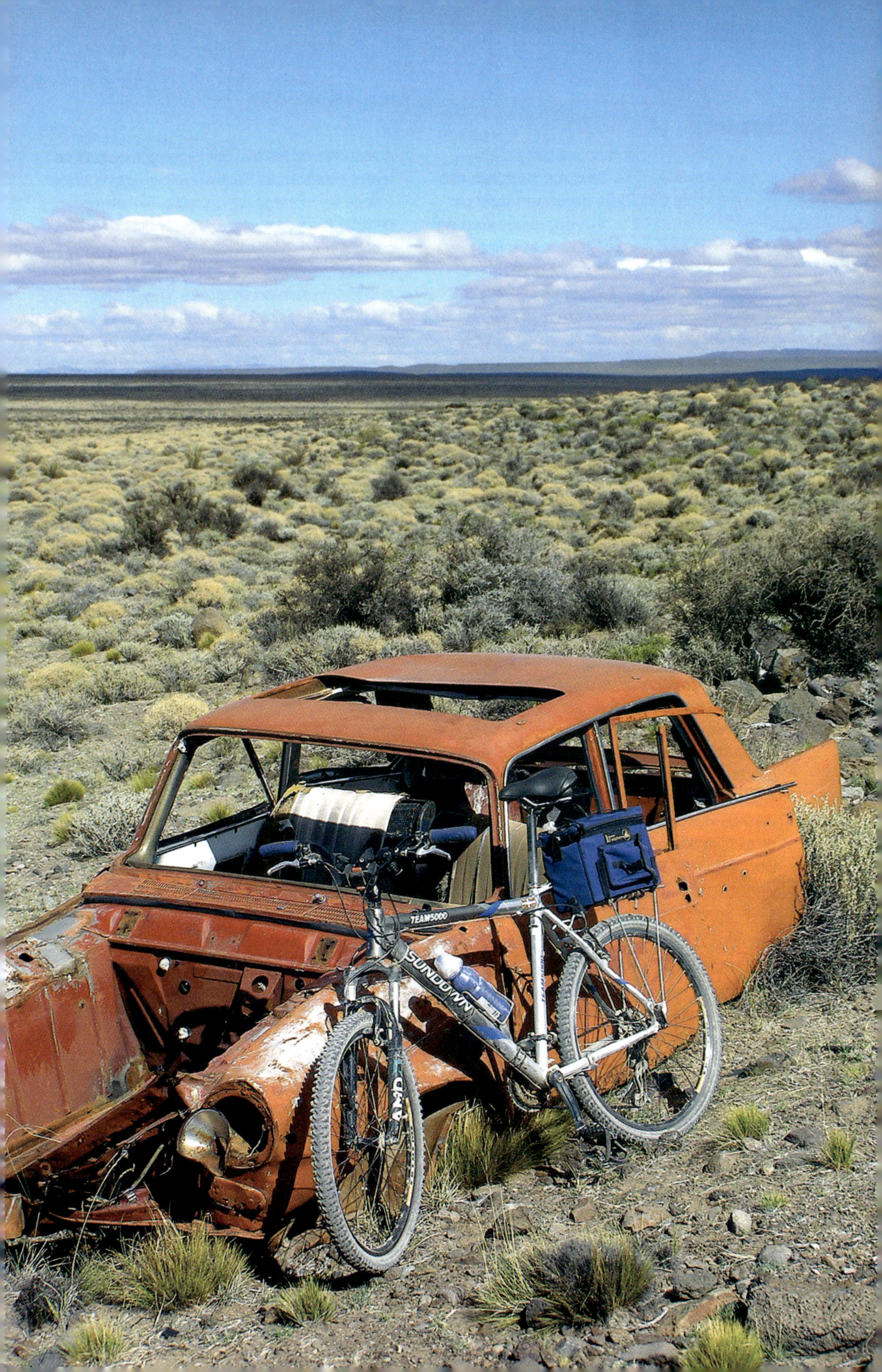
TEAM5000
SUNDOWN
AMD

Capítulo 5 — Upgrade

Garfo
Botões de ajuste
Coroa
Arco
Haste interna fixa
Encaixe do freio
Haste externa móvel
Encaixe do freio a disco

Enchendo a suspensão

Suspensões

A suspensão de uma bicicleta é um componente importante para o conforto de quem pedala por lazer ou por competições. Genericamente, podemos dizer que uma boa suspensão é aquela que é leve, resistente e tem um bom amortecimento, incluindo compressão e retorno. As mountain bikes utilizam três tipos de tecnologia para a suspensão: elastômero, molas e ar.

O elastômero é um tipo de borracha que se comprime e volta à forma normal. As molas são análogas às molas de suspensão de carros. A suspensão a ar utiliza ar comprimido armazenado em câmaras que se comprimem e expandem amortecendo os impactos.

As suspensões de elastômero geralmente são as mais baratas e recomendadas para quem gosta de andar de bicicleta na cidade ou em lugares que não exijam tanto esforço da suspensão, como estradas de terra batida ou com poucas ondulações.

As suspensões com molas são mais resistentes e confortáveis que as de elastômero e são recomendadas para a prática de Cross Country. Os modelos com funcionamento a ar são indicados principalmente para quem se preocupa com a performance. Geralmente são mais leves e contam com sistemas de travamento para diminuir o esforço e perda de potência em subidas e sprints. Nessas situações, quanto menos a suspensão funcionar melhor a performance do ciclista. As suspensões a ar são indicadas para impactos leves e moderados. Portanto, não são indicadas para o Downhill.

As suspensões a ar exigem uma manutenção adicional que consiste em manter o nível do ar comprimido dentro dos valores apropriados para o peso do ciclista e tipo de uso. Uma bomba de ar especial deve ser usada para esse fim.

Existem ainda modelos que combinam ar e óleo, molas e óleo ou molas e elastômeros. Outro ponto de avaliação da suspensão é o seu curso, ou seja, a distância que o garfo percorre do seu limite inferior ao superior. A distância do curso pode variar de 50 a 220 mm. Para Cross Country valores como os de 50 a 100 mm são os indicados. Acima disso, o uso já permite a prática do Downhill.
As suspensões traseiras utilizam os mesmos princípios das suspensões dianteiras.
A troca de uma suspensão vale a pena se o quadro for bom e compatível com o esforço que a suspensão pode absorver. Por exemplo: você tem um bom quadro para a prática do Cross Country e resolve colocar uma suspensão para a prática de Downhill; possivelmente, o quadro não suportará o esforço exigido pela nova prática ciclística.

Suspensão a ar

Suspensão com mola

As suspensões mais simples não permitem nenhum tipo de ajuste. Funcionam o tempo inteiro e com a mesma intensidade ou dureza de absorção. Já as mais complexas permitem regular a intensidade da absorção. Outros modelos permitem ainda travar o funcionamento da suspensão. Esse recurso é muito útil em subidas onde a suspensão dianteira quando funcionando acaba por atrapalhar a pedalada, principalmente se a pedalada for em pé. A força da pedalada faz a suspensão abaixar e a sensação é a de você estar pulando o tempo inteiro. Além desse desconforto, você perde a eficiência da pedalada. O travamento pode ser feito através do pressionamento ou giro de um botão no alto da suspensão dianteira ou ainda através de um controle colocado no guidão, em modelos mais sofisticados.

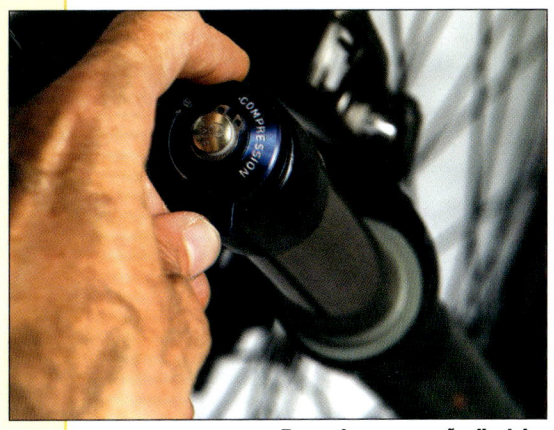

Travando a suspensão dianteira

Marcas de destaque nesse segmento:

RST   www.rst.com.tw
Manitou   www.answerproducts.com/
RockShox   www.sram.com/en/rockshox/
Fox   www.foxracingshox.com/fox_bicycle/bike_index.htm

Câmbio/passador

Vamos recordar que as "marchas" da bicicleta são compostas por três elementos: os câmbios traseiro, dianteiro e os passadores de marcha. Os câmbios empurram a corrente para que se encaixe num dos pinhões ou coroas, e o passador é o mecanismo que envia o comando ao câmbio através de um cabo de aço. Atualizar os câmbios é uma das formas de upgrade mais usadas. Além do fator peso, os melhores câmbios propiciam trocas de marcha mais rápidas.

Existem três tipos de passadores chamados, em inglês, de Gripshift, Thumbshift e Rapidfire. O Thumbshift é aquela alavanca que fica em cima do guidão e você tem que girá-la para mudar as marchas.

O Gripshift é aquele sistema parecido com os aceleradores de motocicleta. Você segura na manopla com o dedão e dedo indicador, e gira o pulso para frente ou para trás para aumentar ou diminuir as marchas.

O modelo Rapidfire é aquele passador que fica preso ao guidão, do lado do manete de freio e que possui duas alavancas; uma que você aciona com o dedão, e outra com o dedo indicador. Uma sobe as marchas e a outra desce.

Considerando os sistemas Gripshift e Rapidfire os dois apresentam eficiência similar. O Gripshift é mais utilizado em bicicletas de passeio, Touring e mountain bikes de entrada. Já os modelos Rapidfire já são padrão nas bikes tipo intermediária e topo de linha.

Um novo sistema chamado Dual Control concentra no manete de freio as mudanças de marcha: empurra-se o manete para cima, para obter marchas mais leves, ou para baixo, para marchas pesadas.

Grupo de tração

O conjunto de catracas, coroas, pedivela e corrente forma a tração. Esses componentes ainda se relacionam com o cubo de roda traseiro e o movimento central que une as hastes do pedivela. Algumas trocas desses componentes exigirão o upgrade de seus parceiros de trabalho.

Atualizando as catracas ou cassete

Existem conjuntos de 6, 7, 8 e 9 engrenagens. Você pode optar por aumentar o número de velocidades da bicicleta. Por exemplo: você tem uma bicicleta de 18 ou 21 marchas e quer ter uma bike com 24 ou 27 marchas ou aliviar o peso dela trocando o cassete de 9 marchas por um mais leve e de igual número de engrenagens. O cubo traseiro usado por cassetes de 6 ou 7 engrenagens não é compatível com os cassetes de 8 ou 9, tendo que ser trocados no caso de upgrade. O mesmo vale para a corrente que possui formatos diferentes para 6 e 7 marchas e para 8 ou 9. É altamente recomendável que você troque a corrente após substituir um cassete.

Outro item importante ao trocar um cassete é a relação de marchas, normalmente expressa por um par de números. Por exemplo: 11-28 ou 11-34. Estes indicam a quantidade de dentes que possui a engrenagem menor e a engrenagem maior. A regra diz que quanto mais dentes tiver a engrenagem maior do cassete, mais leve será a pedalada.

Atualizando as coroas

As coroas podem ser atualizadas no peso ou na relação de marchas. Num modelo típico com três coroas, a relação é expressa com um trio de números, como 22-32-42 ou 26-36-48. Quanto mais dentes possuir a maior das engrenagens, maior será a velocidade final da bicicleta. Por outro lado, uma coroa com menos dentes será mais apropriada para vencer terrenos mais íngremes. Bicicletas de Downhill usam coroas com o maior número de dentes ou uma só coroa. Ao fazer o upgrade desses componentes, considere se você utilizará mais a bicicleta em percursos longos onde é necessário maior velocidade em terrenos planos ou se irá utilizá-la em terrenos acidentados onde um conjunto de catraca maior e coroas menores são mais eficientes.

O movimento central

Um item que pode causar problemas ao se fazer o upgrade do grupo de componentes de tração é o movimento central. Você deve verificar as medidas utilizadas por aquele que está na sua bike para comprar um de medidas similares.

O principal problema está na largura do eixo. Se ele for mais curto do que a medida ideal, as hastes do pedivela vão bater no quadro, impossibilitando a pedalada. Por outro lado, se forem muito maiores do que a medida ideal, não vão permitir a troca de marchas pois as coroas ficarão deslocadas e a corrente irá raspar no câmbio dianteiro, entre outros problemas.

Verifique as medidas do movimento central

O grupo de componentes

Os principais fabricantes desses componentes possuem grupos completos que englobam cassete, corrente, pedivela, freios e alavancas de câmbio. Esses grupos são batizados com nomes. No caso da Shimano, os grupos para mountain bike são os seguintes e, em ordem crescente de qualidade de preço. Tourney, Altus, Alivio, Acera, Deore, Deore LX, Deore XT e XTR. Existem ainda os grupos Saint e Hone. Você pode trocar apenas um ou outro componente. Por exemplo: você tem uma bicicleta que usa o grupo Deore e decide trocar apenas o câmbio traseiro para o modelo XT. Nesse mosaico de opções, você decide suas prioridades e o quanto vai gastar.

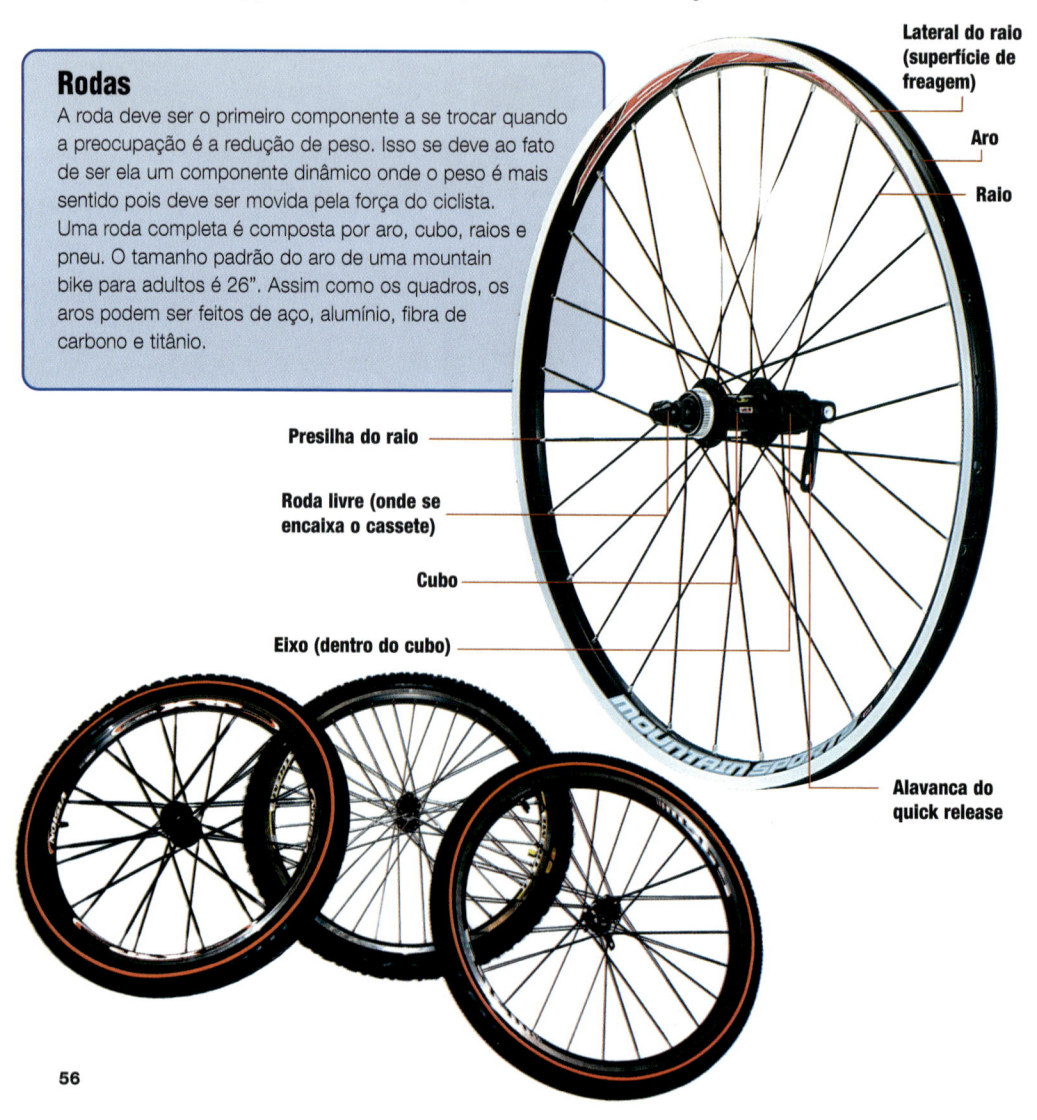

Rodas

A roda deve ser o primeiro componente a se trocar quando a preocupação é a redução de peso. Isso se deve ao fato de ser ela um componente dinâmico onde o peso é mais sentido pois deve ser movida pela força do ciclista. Uma roda completa é composta por aro, cubo, raios e pneu. O tamanho padrão do aro de uma mountain bike para adultos é 26". Assim como os quadros, os aros podem ser feitos de aço, alumínio, fibra de carbono e titânio.

- Lateral do raio (superfície de freagem)
- Aro
- Raio
- Presilha do raio
- Roda livre (onde se encaixa o cassete)
- Cubo
- Eixo (dentro do cubo)
- Alavanca do quick release

Em princípio, o aro que vem com sua bicicleta é compatível com a prática a que ela se destina. O Cross Country, por exemplo, sugere um aro mais leve pois a bicicleta não será usada em terrenos extremamente acidentados. Já uma bicicleta de Downhill deve ter um aro muito resistente e conseqüentemente mais pesado. Você terá saltos e vários obstáculos que irão causar muito impacto à roda. Ao fazer o upgrade de uma roda, considere se vai continuar a usar os cubos e raios atuais (veja tópico *Cubos*).

O pneu deve ser escolhido de acordo com a modalidade. Em linhas gerais, no Downhill utiliza-se pneus mais grossos pois oferecem mais tração e podem ser usados com pressão mais baixa. Aqui as medidas mais usadas são 2, 2,1 e 2,35 polegadas de largura. Os pneus de Downhill devem possuir cravos grandes para oferecer melhor tração. No caso de Cross Country os pneus devem ser menos grossos para diminuir o peso e mais lisos para terem menos atrito de rolamento. As medidas para essa categoria variam de 1,7" a 1,95". No entanto, essas regras devem considerar usos específicos ou características de um circuito que será realizado.

Pneu para Downhill: largura de 2,35"

Pneu para Cross Country: largura de 1,9"

Pneu misto para asfalto e terra: largura 1,75"

Marcas de destaque nesse segmento:
Maxxis   www.maxxistires.com

Cubos

O cubo é o eixo, ou a parte central da roda, no qual os raios são encaixados. Um bom cubo deve ser leve e resistente.

Se você estiver fazendo um upgrade do grupo de componentes e for manter a roda atual, veja quantos raios tem a sua roda. Afinal, os cubos são feitos para diferentes quantidades de raios. As medidas mais comuns são cubos para 32 e 36 raios. Todavia, existem modelos de rodas com 24, 20 ou 16 raios. Alguns são feitos de fibra de carbono e utilizam lâminas em vez de raios. Ao fazer o upgrade de uma roda, considere esse fator.

Cubo para roda de 20 raios da Shimano m565

Marcas de destaque nesse segmento:
Vzan www.vzan.com.br; Mavic www.mavic.com

Selim, guidão e mesa

Nos capítulos anteriores, já discutimos a importância de ajustar a bicicleta para que você tenha mais conforto ou performance. Se a bicicleta está no tamanho correto, talvez sua busca seja em diminuir o peso do conjunto trocando esses componentes por outros mais leves. Nos casos da mesa, guidão e canote, existem várias opções feitas de carbono e que podem tirar preciosos gramas do peso total da bike. No caso do selim, alguns praticantes de mountain bike acabam utilizando assentos de carbono que são mais comuns em bikes de estrada em algumas provas.

Pedais

Os pedais são classificados em duas categorias: os normais ou clipless, e os pedais de encaixe ou clip-in. Sua escolha depende da preferência pessoal e do uso que você dará à bike. Minha recomendação imediata é que se troque pedais de plástico por outros de metal. Isso é uma questão de segurança. Os pedais normais oferecem duas características que devem ser consideradas: peso e tamanho.

Os pedais de encaixe oferecem vantagens ao ciclista, como um melhor aproveitamento da força da pedalada. Com um pedal normal, você aplica força apenas quando o move (empurra) para baixo.

No caso dos pedais de encaixe, como o pé está preso ao pedal, você pode puxá-lo para cima, ganhando, assim, mais potência para a pedalada. Como os pedais de encaixe exigem o uso de sapatilhas, fica praticamente impossível pedalar com um tênis ou sapato normal.

Existem pedais mistos que de um lado são normais e do outro de encaixe, permitindo com isso o uso com qualquer tipo de calçado. Aconselho que o leitor busque, numa loja especializada, conhecer as inúmeras alternativas disponíveis, pois os pedais são, de todos componentes da bicicleta, as que possuem maior variação de modelos.

Resumo

Entre comprar uma bicicleta nova ou atualizar a bicicleta antiga, comprar uma nova é sem dúvida a opção mais desejada de todos. Mas nem sempre o bolso permite e, muitas vezes, mesmo que dinheiro não seja o problema, você tem um conjunto muito bom que vale a pena ser mantido e melhorado com a adição de bons componentes. Nesse capítulo, oferecemos informações que buscaram fazer com que você pesquise e questione bastante antes de investir na sua bike atual.

Pedalando

Nesse capítulo, vamos abordar diversos assuntos pertinentes à condução da bicicleta visando sempre aumentar sua segurança ativa e passiva nos diferentes cenários por onde eventualmente você conduzirá sua bicicleta. Cidade, estrada e trilhas são alguns dos lugares mais comuns para suas pedaladas.

6
CAPÍTULO

Quem aprende a pedalar não esquece nunca mais

Isso é verdade, não? Contudo, ter equilíbrio para ficar em cima de uma bicicleta não é o suficiente. É preciso desenvolver habilidades, conhecer seus limites e ter autoconfiança para pedalar nos locais que pretende passar com a bicicleta.

Não existe livro que o ensine a pedalar. Você precisa praticar. Uma vez que aprendeu a pedalar, suas habilidades vão se desenvolvendo à medida que pratica o pedal. Você vai pegando mais confiança e com isso empurrando seus limites, sejam eles técnicos ou pessoais.

Da voltinha no quarteirão às centenas de quilômetros do Caminho de Santiago o que mudou em mim foi a autoconfiança e o preparo físico. Eu não precisei aprender nada mais do que já sabia, em termos de técnica de condução.

O dia que eu resolvi me aventurar morro abaixo para experimentar o Downhill, tive que aprender primeiro na teoria as técnicas e depois na prática as mudanças necessárias para vencer aquela topografia.

Esse capítulo vai abordar diversos aspectos da condução da bicicleta em diferentes cenários. Pedalar na cidade, estrada e terrenos acidentados são alguns dos temas abordados.

O capítulo também traz informações importantes sobre a postura do ciclista, dicas para motoristas e a interação entre ciclistas e motoristas. Todos precisam agir de maneira correta para que acidentes sejam evitados e suas conseqüências minimizadas.

A bicicleta e o Código Nacional de Trânsito

É importante lembrar que o Código Nacional de Trânsito brasileiro menciona a bicicleta em vários de seus artigos. Eis alguns deles, que se aplicam aos motoristas e ciclistas. Embora um ciclista não possua uma carteira nacional de habilitação, ou seja, não fez um curso específico de direção e legislação, o simples fato de pedalar uma bike já o coloca numa situação na qual é obrigado a seguir algumas leis de trânsito.

O CÓDIGO NACIONAL DE TRÂNSITO E A BICICLETA

Art. 39. Antes de entrar à direita ou à esquerda, em outra via ou em lotes lindeiros, o condutor deverá:

Parágrafo único – Durante a manobra de mudança de direção, o condutor deverá ceder passagem aos pedestres e ciclistas, aos veículos que transitem em sentido contrário pela pista da qual vai sair, respeitadas as normas de preferência de passagem.

Art. 58. Nas vias urbanas e nas rurais de pista dupla, a circulação de bicicletas deverá ocorrer, quando não houver ciclovia, ciclofaixa, ou acostamento, ou quando não for possível a utilização destes, nos bordos da pista de rolamento, no mesmo sentido de circulação regulamentado para a via, com preferência sobre os veículos automotores.

Parágrafo único – A autoridade de trânsito com circunscrição sobre a via poderá autorizar a circulação de bicicletas no sentido contrário ao fluxo dos veículos automotores, desde que dotado o trecho com ciclofaixa.

Art. 59. Desde que autorizado e devidamente sinalizado pelo órgão ou entidade com circunscrição sobre a via, será permitida a circulação de bicicletas nos passeios.

Art. 68. É assegurada ao pedestre a utilização dos passeios ou passagens apropriadas das vias urbanas e dos acostamentos das vias rurais para circulação, podendo a autoridade competente permitir a utilização de parte da calçada para outros fins, desde que não seja prejudicial ao fluxo de pedestres.

§ 1º O ciclista desmontado empurrando a bicicleta equipara-se ao pedestre em direitos e deveres.

Art. 105. São equipamentos obrigatórios dos veículos, entre outros a serem estabelecidos pelo

Contran:
VI – para as bicicletas, a campainha, sinalização noturna dianteira, traseira, lateral e nos pedais, e espelho retrovisor do lado esquerdo.
§ 3º Os fabricantes, os importadores, os montadores, os encarroçadores de veículos e os revendedores devem comercializar os seus veículos com os equipamentos obrigatórios definidos neste artigo, e com os demais estabelecidos pelo Contran.
Art. 201. Deixar de guardar a distância lateral de um metro e cinqüenta centímetros ao passar ou ultrapassar bicicleta:
Infração – média; Penalidade – multa.
Art. 255. Conduzir bicicleta em passeios onde não seja permitida a circulação desta, ou de forma agressiva, em desacordo com o disposto no parágrafo único do art. 59:
Infração – média; Penalidade – multa.

Medida administrativa – remoção da bicicleta, mediante recibo para o pagamento da multa.
ANEXO I
DOS CONCEITOS E DEFINIÇÕES
Para efeito deste Código adotam-se as seguintes definições:
ACOSTAMENTO – parte da via diferenciada da pista de rolamento destinada à parada ou estacionamento de veículos, em caso de emergência, e à circulação de pedestres e bicicletas, quando não houver local apropriado para esse fim.
BICICLETA – veículo de propulsão humana, dotado de duas rodas, não sendo, para efeito deste Código, similar à motocicleta, motoneta e ciclomotor.
Com base nesses artigos, podemos fazer algumas recomendações para motoristas e
ciclistas. Sempre que possível comente com outros motoristas essas recomendações.

Orientação para motoristas

A proximidade de um veículo motorizado e uma bicicleta impõe alguns cuidados especiais. Tanto motoristas como ciclistas devem fazer sua parte para reduzir um possível acidente. Selecionamos algumas situações e recomendações aplicáveis a elas.

Ultrapassagem

Mantenha no mínimo 1,5 m de distância ao ultrapassar uma bicicleta. Se não houver espaço suficiente, aguarde! Alguns segundos não vão fazer diferença para você chegar ao seu destino. No trânsito urbano os semáforos quase sempre vão fazer você viajar na mesma velocidade do ciclista.

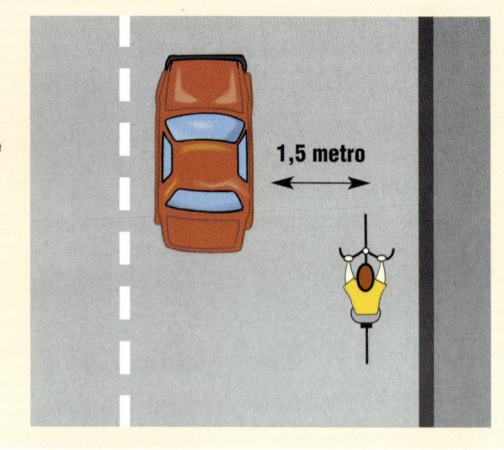

Cruzamentos

Só para lembrar do Código Nacional de Trânsito, a bicicleta tem prioridade de passagem sobre um veículo motorizado. Portanto, ceda a vez quando perceber uma bicicleta se aproximando do cruzamento.

Conversão

Ao fazer conversões à direita preste atenção se não tem um ciclista ou motociclista na lateral direita do veículo.

Direção preventiva

Você pode tomar as recomendações feitas há pouco para os motoristas se colocando no outro lado. Assuma que eles não vão fazer o que deveriam e antecipe-se às situações de risco.

Regras básicas
Se você seguir as oito regras abaixo sua pedalada será muito mais segura.

1. Aja como um veículo
2. Siga as regras de trânsito
3. Use sinais de mão
4. Não ande em calçadas
5. Não ande na contramão
6. Assuma que você é invisível
7. Antecipe possíveis perigos
8. Seja previsível

Sinalizando

Se você sinalizar suas intenções, os motoristas irão lhe respeitar. Você deve ter uma atitude decidida e sempre que possível fazer contato de olhos com os motoristas para certificar-se de que eles entenderam suas intenções. Aproveite para usar a boa educação e agradecer a atitude do motorista.

Mesmo dirigindo carros, você sempre encontra os motoristas "fominhas" que nunca cedem passagem e se puderem passam por cima do seu carro. Imagine esse indivíduo quando encontra uma bicicleta, muito mais frágil do que um carro. Ao fazer contato visual com o motorista, você perceberá se ele irá lhe ceder passagem ou não.

Sinais de mão

Alguns gestos simples com as mãos irão lhe garantir uma pedalada mais segura, principalmente na "selva" urbana. Com estes sinais, é possível mostrar aos motoristas quais são suas intenções. Os sinais devem ser dados com antecipação suficiente para que os motoristas possam tomar suas ações. Certamente você já viu motoristas que acionam a seta e viram imediatamente, dando-lhe uma bela fechada. Nunca faça isso com a bicicleta, pois você pode acabar debaixo do carro.

Para virar à esquerda ou à direita, estenda o respectivo braço, quase na horizontal, e indique com os dedos sua intenção de virar naquela direção

Para indicar que irá diminuir a velocidade, coloque o braço esquerdo para baixo, num ângulo de 45 graus. Com a palma da mão voltada para trás, faça movimentos curtos para trás e para frente indicando que está diminuindo a velocidade

Para pedir passagem, faça com seus braços o papel da seta do carro. Estenda o braço, indique a direção que deseja ir e certifique-se de que haja distância suficiente e que o motorista entendeu suas intenções. Para mudar de faixa, você deve olhar para trás ou para o espelho retrovisor antes de tomar a iniciativa da mudança e sinalização

Situações de perigo para o ciclista

Prevenir vale mais do que remediar. Antecipe-se sempre a possíveis situações de risco. Veja algumas delas.

Carros estacionados

Procure passar pelo menos a 1 m de um carro estacionado. Uma porta aberta repentinamente pode ser um desastre. Você pode colidir com ela ou tentar, instintivamente, desviar e ser atropelado por outro veículo. Além do perigo da porta aberta existe outro: o carro pode sair repentinamente, ocasionando uma situação igualmente perigosa. Se não houver espaço para você se afastar, devido ao fluxo de veículos, reduza a velocidade para que tenha tempo de parar, caso uma dessas situações ocorram.

Fazendo curvas

A curva é um local potencialmente mais perigoso para o ciclista do que uma reta. Ao entrar numa curva, considere a velocidade da bike, tipo de terreno e outros veículos. O ideal é que você freie antes da curva para ter a velocidade compatível com as características desta. No meio da curva, você deve frear o menos possível. Uma curva sempre apresenta surpresas para o ciclista: areia, buracos, óleo são algumas.
Um dos tombos mais feios que levei, foi numa curva com piso de asfalto onde a minha velocidade estava um pouco mais alta do que a devida. Ao frear mais fortemente no meio da curva, fui surpreendido por uma camada de areia, que fez com que a roda traseira derrapasse tirando-me o equilíbrio. Sem a areia, eu teria feito a curva. Com ela, acabei estatelado, para minha sorte, numa cerca de madeira.

Freadas

Tecnicamente, o freio traseiro reduz a velocidade e o dianteiro é que pára efetivamente a bicicleta. O freio dianteiro é o mais potente, porém o mais perigoso. Se travar a roda dianteira, as chances de um tombo são bem grandes, principalmente se estiver numa curva ou num terreno escorregadio. Quando se freia a roda traseira, a bicicleta reduz a velocidade estabilizando-se.
Devido à lei da inércia, quando freamos, o peso da bicicleta e do ciclista vão para a frente. Isso faz com que a roda traseira fique mais leve e tenha mais facilidade de travar. Quando se freia a roda dianteira, a tendência é a bicicleta afundar a suspensão dianteira, se ela a tiver. Numa freada brusca, isso pode desestabilizar a bicicleta.
Uma freada ideal deve ser progressiva, feita com as duas rodas, permitindo assim que a velocidade seja reduzida no tempo e distância adequados. Dessa forma, use sempre as duas alavancas para frear. Você deve iniciar a freada com a roda traseira e em seguida aplicar o freio na dianteira.

Nunca ande na contramão

Motoristas não dirigem imaginando que haja ciclistas na contramão. Ao entrar em uma rua ou avenida, eles sempre olharão para o lado onde há o fluxo normal de veículos.

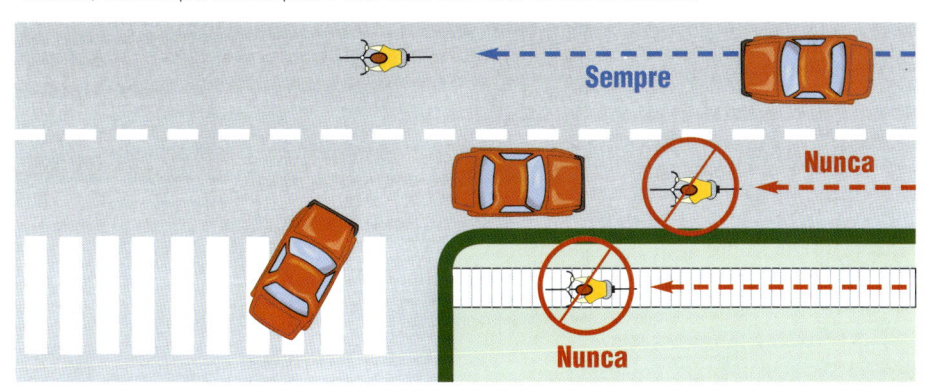

Respeite os sinais de Pare e outras sinalizações

Os ciclistas gozam dos mesmos deveres e direitos de que outros condutores de veículos. Como utiliza um veículo mais lento, o ciclista deve ficar próximo ao lado direito da pista. Andar na calçada é proibido, sendo permitido apenas empurrando a bicicleta.

Virando à esquerda e à direita

Existem várias opções de se virar à esquerda. Analise o tipo de cruzamento e tráfego do local para tomar sua decisão. Haja como se fosse um carro. Fique na faixa da esquerda, dê sinal com a mão esquerda e vire para esquerda (situação 1). Haja como um pedestre (situação 2). Atravesse a rua, desmonte a bicicleta e empurre-a pela faixa de pedestre. Numa variação, atravesse a rua. Espere o farol abrir para você e continue a pedalar.

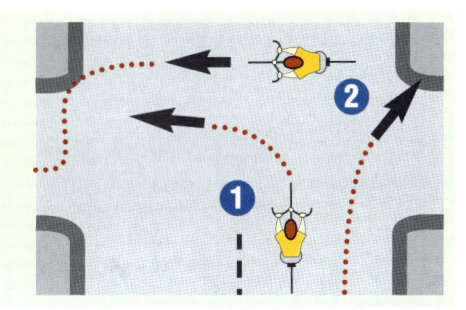

Cuidado com fechadas em cruzamentos

Em muitos casos, motoristas não prestam atenção em um ciclista, nem nos pedestres, quando fazem uma curva à direita. Observe carros que estão próximos a você e evite estar paralelo a eles na área de tangência de um cruzamento.

Posicione-se para ser visto

Fique à frente ou atrás, nunca ao lado. Evite os cantos cegos dos veículos, aquela área onde mesmo olhando pelo retrovisor não se vê o veículo que está na lateral traseira.

No caso de caminhões e ônibus, evite ficar muito próximo da traseira.

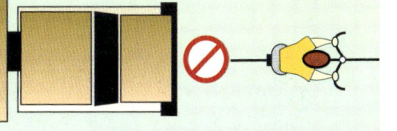

Pedalando em estradas

Embora sua mountain bike seja um "bicho da terra", você certamente irá pedalar em estradas asfaltadas e com diferentes tipos de tráfego. Comparando com a pedalada numa área urbana, a estrada é muito mais segura; contudo, você deve tomar os cuidados básicos de segurança passiva e outros peculiares desse tipo de via.

Evite sempre as auto-estradas

Sinceramente, não existe muita graça em ficar pedalando no acostamento de uma grande e movimentada rodovia. Se para o mesmo destino existirem estradas vicinais, opte por elas. Você terá mais segurança e um cenário certamente mais agradável.

No caso da falta de acostamento, pedale próximo à faixa branca da direita

Pedale no acostamento e na mão de tráfego

Em rodovias, a velocidade dos veículos é muito maior do que na cidade. Nessa situação, ônibus e caminhões criam um perigo adicional: a turbulência dianteira e traseira.

A turbulência dianteira é causada pelo ar que o veículo empurra para os lados ao vencer sua resistênciar. Essa turbulência empurra o ciclista para o lado. Já a turbulência traseira, causada pela criação do vácuo, desequilibra o ciclista puxando-o para a pista. Portanto, matenha-se o mais distante da pista de rolamento.

Afastar-se da pista de rolamento também vai evitar que você passe por cima dos refletivos chamados olho-de-gato. Um acidente fatal matou uma triatleta na rodovia Castello Branco no estado de São Paulo. A ciclista se desequilibrou ao passar por um olho-de-gato e caiu na pista de rolamento, sendo atropelada por dois veículos.

A maioria dos acidentes com ciclistas ocorre quando ele está cruzando a estrada, ou seja, numa das pistas de rolamento. Acidentes com ciclistas no acostamento são mais raros, mas existem.

Em estradas simples, de duas mãos que possuem acostamento asfaltado, um risco muito grande são os veículos, principalmente caminhões, que para fazerem uma "gentileza" aos veículos mais rápidos, vão para o acostamento para dar passagem, ignorando a lei que proíbe o tráfego de veículos motorizados no acostamento.

A maioria dos acidentes envolvendo atropelamento de ciclistas em estradas acontece durante o amanhecer e entardecer. Portanto, redobre o cuidado nesses horários. Use roupas refletivas e as luzes obrigatórias dianteira e traseira.

Evite ouvir música com fone de ouvido. Isso lhe reduz ou tira as chances de ouvir um veículo se aproximar impossibilitando o ciclista de tomar uma medida preventiva.

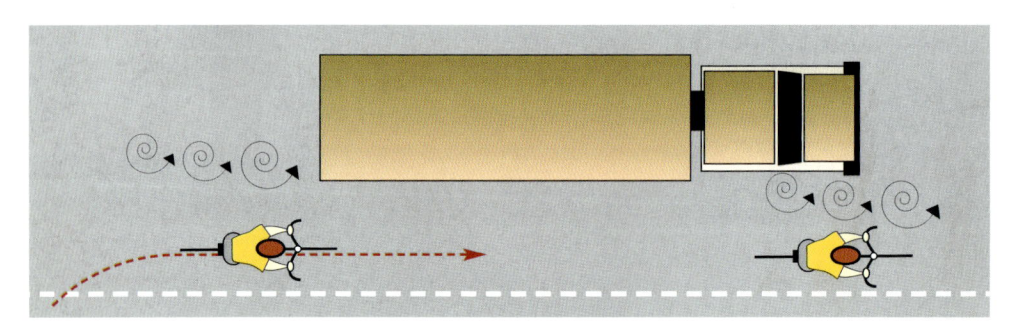

Técnicas de pedal para trilhas, subidas e descidas
Quando você parte para pedalar em trilhas e no campo, certamente encontrará uma diversidade de terrenos à sua frente. Descidas e subidas são os trechos onde você deve tomar mais cuidado e conhecer algumas técnicas que poderão tornar sua pedalada mais segura ou eficiente.

Donwhill
Enquanto a pedalada no plano e na subida não exigem mudanças na configuração da bicicleta, ajustá-la para descidas é essencial. As dicas aqui são para quem enfrenta uma descida como parte de uma trilha. Para competições, você deve ter a bike completamente customizada para essa prática.
Uma bicicleta Full Suspension é muito mais confortável e adequada para o Downhill; contudo, uma Hard Tail serve perfeitamente para tal finalidade. A suspensão dianteira tem grande importância nesse contexto. Suspensões dianteiras com curso longo tornam a descida mais fácil. Tratando-se de uma bicicleta de uso misto, o ideal é que ela tenha pelo menos 100 mm. Você viu nos capítulos iniciais que bicicletas de competição chegam a ter mais de 200 mm de curso da suspensão.
Use uma armadura protetora para ombros, tórax, cotovelo e joelhos. Se você costuma pegar trilhas técnicas, ou seja, que demandam muito equilíbrio, técnica de pedal e por conseqüência são propícias para uma queda, aumentar sua proteção com esses acessórios é altamente recomendável, Principalmente se o objetivo da sua pedalada é explorar o Downhill. Pneus de Downhill são mais resistentes, largos e oferecem maior proteção contra furos.
Quando você se deparar com uma descida íngreme, coloque o seu banco mais baixo e posicione-se para trás. Evite ao máximo usar os freios, principalmente os dianteiros. Essas duas recomendações você entenderá melhor mais adiante neste capítulo.

Centro da gravidade

Freando
Em descidas você sabe que o espaço necessário para parar ou diminuir a velocidade é maior do que no plano. Você precisa se acostumar com essa relação de inclinação x espaço de frenagem. Quanto mais veloz você desce, mais você deve olhar adiante para antever obstáculos e ter tempo de tomar alguma ação.

Fique em pé
Como regra geral, fique em pé nas descidas. Isso ajudará a absorver os impactos do terreno e a alterar o centro de gravidade da bicicleta.

Algumas leis da gravidade
O sucesso de uma descida consiste em manter o centro de gravidade da bicicleta entre os eixos e, particularmente, sobre o movimento central (figura no alto da página). Idealmente, o peso do ciclista deve ficar entre os dois eixos como mostra a ilustração acima e ao lado. Imagine duas barras paralelas passando sobre os eixos da roda: essas barras vão se inclinando à medida que a descida se torna mais íngreme.

A forma de manter o peso dentro dessas linhas é jogar o quadril para trás do banco e afastar-se à medida que a inclinação aumenta. Experimente essa técnica em pequenos aclives e vá aumentando a dificuldade à medida que se sente confiante. Ter o banco mais baixo ajuda nessa operação. Se ele estiver muito alto, você terá dificuldade para se movimentar para trás e para frente.

O universo conspira contra você numa descida

Quanto mais inclinada e cheia de pedras, raízes e outros obstáculos, mais difícil é a descida. Você viu no tópico anterior que manter o centro de gravidade entre eixos é essencial.
Vários fatores fazem com que o centro de gravidade avance para a frente.
A gravidade e a inércia tendem a "puxá-lo", para a frente. Ao frear, você é jogado para a frente. Quando bate em um obstáculo, você também é jogado para frente.
Se você endurecer os braços segurando muito firmemente no guidão, você estará facilitando a ação dessas forças. Seus braços precisam funcionar como uma extensão dos amortecedores dianteiros.

Braços duros fazem com que o peso aumente sobre a roda dianteira

Frear aumenta o peso na frente

Obstáculos criam um bloqueio e facilitam o peso ir para frente

Para diminuir esses efeitos, você deve usar braços e pernas como amortecedores e ficar numa posição flexível. O uso do freio deve ser feito com mais pressão no freio traseiro do que no dianteiro. Numa descida íngreme, você deve controlar a velocidade de forma a ir o mais rápido possível, dentro dos seus limites. Tendo uma velocidade rápida, você poderá saltar obstáculos como pedras, raízes ou valetas com mais facilidade. Se vier muito lento, não terá como ultrapassar uma valeta, por exemplo, e acabará encaixado nela. Se isso ocorrer com a roda dianteira, a chance de um aro amassado, ou pior, um capotamento, é altíssima.

Pouca velocidade é fatal na superação de obstáculos como valetas artificiais ou naturais

Subidas

Descrever uma técnica para vencer subidas íngremes vai tomar pouco tempo; basta inverter tudo o que você fez na descida. Considerando o centro de gravidade, você deve inclinar o corpo para frente.

Porém, existe uma diferença fundamental. Na subida você estará pedalando e o grande desafio é empregar a força necessária para que a roda tenha tração suficiente para mover a bicicleta e não patinar ou girar em falso. Quando isso acontece, quase sempre você vai acabar parando a pedalada e, dependendo da inclinação e tipo de piso, não conseguirá mais retomá-la.

Você terá que analisar a subida e decidir entre pedalar em pé para fornecer mais força de tração ou sentado. Se optar por ficar sentado, fique na ponta do selim, o mais adiante que puder.

Alterne trechos pedalando em pé e sentado. Pedalar sentado exige menos energia e proporciona mais controle da tração.

À medida que a inclinação aumenta, você deve jogar o corpo para a frente de forma a manter o centro de gravidade. Aqui, os braços devem ficar num ângulo de 90° ou mais fechados, dependendo da inclinação

Superando obstáculos

Em trilhas, você constantemente será desafiado a superar obstáculos. Troncos caídos, raízes de árvores e valetas são alguns deles. A receita é simples: você terá que saltar.

Saltar com a bicicleta tirando as duas rodas do chão é uma manobra importante para se aprender. No contexto urbano ou em trilhas, você encontrará obstáculos que vão lhe fazer tomar uma decisão. Você irá contorná-lo, saltá-lo ou vai ter que parar a bicicleta e transpô-la ao obstáculo. Quantas vezes você não teve que parar a bicicleta para subir numa calçada? Numa trilha, você nunca encontrou um tronco ou pedra que lhe obrigaram a parar ou contorná-los?

Pois bem, desenvolvendo uma técnica de salto que se chama Bunny Hop, ou salto de coelho, você conseguirá superar muitos obstáculos. Subir em calçadas sem precisar parar ou frear, saltar buracos nas ruas ou trilhas, saltar pedras, troncos e degraus de escada, será sua recompensa. Aqui vou passar as etapas básicas desse treinamento, mas só decorar essas instruções não vai ajudar nada na hora do salto. Pratique. E muito. Em sua essência essa técnica consiste em levantar primeiro a roda dianteira e depois a traseira. Ela permite alcançar uma maior altitude de salto do que a técnica que a maioria dos ciclistas usam ao tentarem saltar com as duas rodas ao mesmo tempo.

Primeiro passo

Vá devagar. Comece saltando uma linha riscada no chão. Depois coloque um cabo de vassoura, e vá aumentando a altura do obstáculo à medida que ganha prática. A técnica mais simples consiste em flexionar o corpo para baixo e puxar o guidão e pedais ao mesmo tempo. Isso fará com que as duas rodas subam simultaneamente. Essa técnica não permite saltos muito altos.

Porém, se usar a técnica descrita a seguir, conseguirá saltos bem maiores. O recorde mundial desse tipo de salto supera 1 metro.

Você terá que estar numa velocidade compatível com o tamanho do obstáculo a ser superado.

Fique em pé na bicicleta com os pedais paralelos ao chão, na posição 9 e 3 horas.

Ao se aproximar do obstáculo, incline o corpo para frente. Uma vez que o peso do corpo foi deslocado sobre o da roda dianteira, você deve puxar o guidão para cima, num arranque rápido e forte.

Deve ainda, pressionar seus pés contra os pedais um instante depois da roda dianteira ter levantado, e também, puxar a roda traseira para cima, dobrando seus joelhos.

Absorva o impacto flexionando joelhos e cotovelos. Quanto mais forte for a sua puxada inicial, mais alto será o salto.

Se você tem suspensão dianteira, use-a a seu favor. Antes de puxar o guidão, comprima-o para que o retorno da suspensão funcione como uma mola, empurrando-o para cima.

Cicloturismo

CAPÍTULO 7

Falar em fazer uma viagem de bicicleta pode despertar diferentes reações nas pessoas. Em países europeus, onde a bicicleta é intensamente usada para tal fim, as pessoas certamente se interessarão em saber detalhes sobre o seu roteiro, da mesma forma que acontece quando você diz, aqui no Brasil, que irá fazer uma viagem de avião para algum lugar.

Preparando uma viagem de bicicleta

Quando pensamos em cicloturismo é comum vir a nossa mente a imagem daquela bicicleta carregada com mochilas e alforjes e um roteiro exótico com os ciclistas acampando e cozinhando sua própria comida em lugares remotos, depois de pedalar uma enormidade de quilômetros por dia, tudo muito cansativo. A imagem é válida, mas considere que existem muitas outras formas de cicloturismo. Tudo vai depender do seu estilo e propósito com a viagem. Imagine uma outra cena, onde um grupo de pessoas faz uma viagem de bicicleta contando com um carro de apoio que leva toda a bagagem e que ao final do dia dormem-se em hotéis. Durante o dia, o carro de apoio é usado também para o descanso de algum ciclista ou nas paradas para se alimentar e hidratar. São dois estilos completamente diferentes, mas igualmente válidos. O importante é que seja prazeroso. Assim como nas viagens de avião ou carro, o cicloturismo também precisa ser planejado. Vamos tomar um exemplo de uma viagem de carro de diversos dias: antes de sair você leva em conta diversos fatores.

Quantos dias terá a viagem?
Qual será o roteiro total?
Quantos quilômetros serão percorridos por dia?
Em que locais serão os pernoites?
Qual a autonomia do veículo?
Quantas pessoas irão?
Quanta bagagem será levada?

Aparentemente simples, o planejamento de uma viagem faz uso da matemática para definir como será feita. Você sempre estará limitado às características do veículo para poder responder às várias perguntas.

Por exemplo, um carro pequeno pode comportar cinco pessoas e pouca bagagem. Se a viagem levar vários dias, a quantidade de bagagem necessária pode causar a redução do número de pessoas que irá, pois o espaço para levar gente e bagagem é limitado. A autonomia do carro, ou seja, a quantidade de quilômetros que ele pode percorrer com um tanque limita por vezes o roteiro, pois deve-se definir as paradas para abastecimento. Uma grande série de variáveis aparece e todas precisam ser bem equacionadas para que a viagem possa ser realizada de forma prazeroza.

A viagem de bicicleta demanda as mesmas indagações básicas, com as devidas adaptações, já que o veículo é a bicicleta e o motor é você.

Qual a sua autonomia?
Quantos quilômetros você consegue pedalar por dia considerando os diferentes tipos de terreno?
É importante você ter consciência de seus limites

para não planejar trechos que excedam sua capacidade física.

Quantos quilômetros serão pedalados por dia?
Considerando sua autonomia, é necessário estudar os pontos de pernoite. Talvez, em um dia, você pedale 30 km e no outro 120 km.

Quantos serão os dias de viagem?
O número de dias de viagem é decisivo na hora de planejar o número de equipamentos, roupas e conseqüentemente o volume de bagagem que será transportado na bike ou no carro de apoio.

Qual é a bagagem que precisa ser levada?
Dois percursos com os mesmos quilômetros podem lhe exigir uma bagagem completamente diferente, principalmente quando há muita variação climática.

A viagem será autônoma ou contará com carro de apoio?
Viajar com um carro de apoio é um paraíso. Sem peso extra na bicicleta, você se preocupa somente com a pedalada. Se ficar cansado, pode colocar a bike no carro e fazer um trecho da viagem no veículo de apoio. Essa decisão modifica diretamente o volume de bagagem que será levada. Respondidas essas perguntas, você pode iniciar o planejamento.

carro de apoio, não precisa de bagageiro nem alforjes. Durante a minha viagem ao Marrocos contei com carro de apoio e não precisei levar nada comigo. Optei por uma bicicleta Full Suspension. Se for viajar de forma independente eles são fundamentais. Minha viagem pelo Caminho de Santiago se enquadrou nessa categoria. Levei tudo que precisava no bagageiro e alforjes.

3. Viagem de vários dias com pernoite no mesmo local.
Nesse caso, você baseia-se em um local e faz expedições diárias voltando para ele no final do dia. Aqui, o uso de bagageiro e alforjes são desnecessários.

Usando uma bicicleta Hardtail com bagageiro no caminho de Santiago de Compostela: 17 kg de bagagem

Tipos de viagem

Sua viagem de bicicleta vai se enquadrar num dos três modelos descritos abaixo.

1. Viagem de um dia com volta ao local de início.
Nessa modalidade, você não necessita de bagageiro nem alforjes. Tudo o que precisa são acessórios básicos (estes serão discutidos mais adiante).

2. Viagem de vários dias com pernoites em lugares diferentes a cada dia.
Nessa viagem de longa duração, você parte de um ponto e termina em outro, ou até pode voltar ao ponto de origem depois de vários dias. Se você utilizar um

A bicicleta ideal para o cicloturismo

Em princípio, a mountain bike é o tipo de bicicleta mais adequada para o cicloturismo. Contudo, é importante considerar que tipo de percurso, terreno, distância e quantidade de bagagem será levada.
Você viu no primeiro capítulo que uma bicicleta do tipo Hardtail é um coringa. Já a Full Suspension lhe dá um conforto imcomparável com as demais.
Se você desenvolver um roteiro onde precise colocar um bagageiro para levar mochilas e alforjes, terá um grande problema se pensar em usar uma Full Suspension, pois maioria dos modelos não aceitará o uso de bagageiros convencionais.

Acessórios básicos

Fazem parte dos acessórios básicos: kit de ferramentas e reparo de pneus, caramanhola ou sistema de hidratação, espelho retrovisor e um odômetro (ciclocomputador).

Um odômetro simples, com funções básicas como medir velocidade, distância total e parcial, já é mais do que suficiente. Esse acessório é fundamental pois você precisa saber a distância percorrida, quantos quilômetros faltam para finalizar o trajeto e quando se pede alguma informação, saber controlar a distância para os pontos de referência.

A caramanhola, ou garrafas d'água, é muito importante. Procure levar no mínimo duas, instaladas no centro do quadro. Se o seu quadro não suportar duas, elas podem ser colocadas em suportes nas laterais dos garfos. Lembre-se de que as caramanholas de cores claras deixam a água fresca por mais tempo. Os modelos térmicos extendem a frescura da água.

O espelh[o] [é] [obrigatório] [por] [lei] [é] realmente importante. Nem sempre é possível escutar os carros vindo pela estr[ada e é m]ais fácil dar uma checada no espelho do que virar para trás o tempo todo. Não se preocupe se sua [bicicleta fic]a[r feia] demais, afinal sua segurança vale mais do que preocupações com a estética.

Um farol ou lanterna dianteira e uma luz traseira vermelha são importantíssimos, mesmo que a intenção não seja pedalar à noite. O farol é um equipamento de segurança que não é substituível por lanternas de mão ou de cabeça. O farol não trepida, pois vai preso ao suporte do guidão e ainda pode ser utilizado como lanterna.

[Firma-]pés, ou pedaleiras, podem ser usados sem problemas pois aumentam o rendimento e ajudam a manter uma pedalada mais solta e "redonda". Antes de viajar, teste se o calçado que vai utilizar se encaixa com folga na pedaleira. O uso de sapatilhas deve ser analisado com cuidado. Se a sua sapatilha serve só para pedalar ou o pedal só suporta sapatilhas, terá de levar outro sapato aumentando, assim, o volume e peso da bagagem.

Mochila de hidratação

As mochilas de hidratação permitem carregar de 1 a 3 litros de líquido nas costas. Muitos ciclistas optam por usar essas mochilas em vez das caramanholas. Você pode combinar o uso dos dois dependendo do roteiro e condições climáticas que vai enfrentar. Algumas mochilas de hidratação são dedicadas exclusivamente ao transporte de líquido enquanto outras possuem espaço para o transporte de pequenos objetos. Eu uso uma destas, onde levo o kit de reparos, ferramentas, documentos e barras energéticas.

Para viagens longas

Se você precisa levar roupas e outros objetos pesados durante a viagem, o uso de alforjes e bagageiros são obrigatórios.

Bagageiros

Os bagageiros permitem que você acomode uma quantidade enorme de bagagem, que nunca seria possível carregar nas costas. Existem modelos feitos de aço e alumínio. O uso de alumínio não é aconselhável, pelo menos no bagageiro de trás, que deve levar mais peso.

Algumas bicicletas possuem furação no quadro para encaixe do bagageiro; tanto nas barras que saem do cano vertical como na extremidade do quadro junto às rodas traseiras.

Esse tipo de bagageiro é o mais conveniente. Alguns modelos são presos no canote do selim e no próprio eixo da roda traseira. O bagageiro assim instalado, atrapalha na hora da retirada das rodas, dificulta a centralização destas e força desnecessariamente o eixo e o parafuso que prende o canote.

O bagageiro dianteiro é menos comum, mas faz uma diferença enorme, ajudando na estabilidade da bicicleta carregada. Porém, na divisão entre bagageiro traseiro e dianteiro, ele deve acomodar no máximo 30% do peso, para não forçar o garfo.

Alforjes

Os alforjes de bicicleta são mochilas com um desenho especial para serem presos nos bagageiros.

Existem diversos modelos e sistemas de fixação. A escolha é pessoal, mas é interessante que sejam reforçados, feitos de nylon cordura ou de um material resistente e de preferência impermeável. Quanto mais bolsos melhor, pois bolso nunca é demais. Os que têm a abertura em zíper levam vantagem sobre os de abrir somente por cima (estilo mochila de caminhada). Isto porque tudo aquilo que você precisar no caminho, vai estar invariavelmente escondido no fundo do alforje. Depois de retiradas, as coisas nunca voltam para o lugar, e é terrível ter de fazer arrumação de alforje no meio da estrada.

Quanto ao formato, não podem ser muito largos, porque desestabilizam a bicicleta. Os alforjes traseiros não podem ser muito longos, para não bater nos calcanhares nem entrar na roda. A fixação no bagageiro deve ser o mais simples possível, para facilitar carregar e descarregar a bicicleta (o que acaba acontecendo quase todos os dias). Aliás, com o próprio peso, os alforjes tendem a não sair muito do lugar, exceto em trechos muito íngremes. Para proteger os alforjes da terra e da chuva, as capas de nylon são bem práticas.

Transporte da bicicleta

Se você vai transportar a bicicleta, é conveniente que ela esteja devidamente embalada e protegida. Nas viagens de avião você pode usar uma caixa de bicicleta ou uma mala-bike.

A caixa de papelão é prática pois é descartável. Você chega ao local de destino, monta a bicicleta e joga a caixa fora. Já a mala-bike se torna uma "mala sem alça" se você tiver que transportá-la na própria bike. Alguns modelos são dobráveis e finos, mas pecam na proteção. Os modelos acolchoados oferecem mais proteção, porém, são um problema para levar na bicicleta.

Empacotando a bicicleta para viagem

Quanto mais você proteger sua bicicleta, menos problemas você terá na hora de montá-la.
1. Solte os pedais.
2. Solte os freios.
3. Retire as duas rodas.
4. Solte o câmbio usando uma chave Allen; você deve soltar a gancheira que prende o câmbio ao quadro. Guarde a porca e contrapoca que prendem gancheira ao quadro.
5. Solte o guidão da mesa.
6. Vire o garfo 180°. A mesa deverá ficar voltada para trás.
7. Coloque papelão nas áreas do quadro em que deseja proteger de riscos.
8. Proteja os passadores de marcha e freio com papelão.
9. Prenda o guidão no tubo diagonal do quadro.

A bolsa para transporte de bicicleta vale muito a pena quando você for realizar trechos da viagem utilizando ônibus ou avião. Ela protege a bicicleta e diminui os problemas de embarque em ônibus e metrô.
É importante que seja leve, pois durante a viagem de bicicleta será praticamente um peso morto.

Seja visto

Use e abuse de refletivos, tanto na bicicleta quanto nas roupas. Mesmo que não pretenda pedalar à noite, imprevistos acabam acontecendo. Não se esqueça de deixar os refletivos bem visíveis, não só na frente e atrás da bicicleta, como nas laterais. Também no capacete e nas rodas (entre os raios) são bons locais. Embora seu pedal possa ter refletivos, eles ficarão tampados pelos alforjes caso você os use. Pequenas faixas refletivas presas com velcro ao redor dos braços (na altura do bíceps) são fáceis de colocar, além de visíveis de qualquer ângulo.

Ferramentas e peças de reposição

Se sua viagem passar por locais isolados, vá prevenido: leve mais ferramentas e peças de reposição. O indicado é levar todas as chaves (de boca, Allen e Philips) necessárias para regular e desmontar sua bicicleta: freios, pedais, câmbios, raios, bagageiros, e rodas no caso de não serem de blocagem rápida. Se o movimento central não for selado, também será necessária uma chave específica para sua desmontagem, para que sejam feitas sua limpeza e lubrificação. Outros itens básicos são: chave para corrente, chave de fenda, chave de boca regulável e um alicate.

▶▶ DICAS

No Caminho de Santiago, levei a bicicleta numa caixa de papelão que joguei fora quando cheguei ao ponto de partida. Depois, ao chegar em Santiago de Compostela, procurei por uma loja de bicicleta e consegui uma outra caixa com facilidade, e ainda de graça. Outra opção é despachar pelo correio a mala-bike para o ponto de destino. Existe um serviço chamada Posta Restante que mantém a encomenda na agência central dos correios da cidade.

Alimentação

Lembre-se de que você é o motor do seu veículo. Portanto, estar devidamente abastecido é essencial para o sucesso de sua pedalada. Cada pessoal tem o seu próprio hábito de alimentação, mas podemos passar alguns conselhos úteis.

Comece o dia bem alimentado. O ideal é caprichar num café da manhã bem reforçado; depois, comer frutas e lanches rápidos durante a pedalada para, finalmente, fazer uma refeição mais pesada no final do dia.

O essencial é, a cada uma ou duas horas, serem repostos os sais minerais perdidos durante o esforço físico. Um pouco de frutas secas, ou alguns biscoitos, ou então um sachezinho de mel ou uma barra de cereais, devem ser suficientes para isso. Os mais indicados são os alimentos ricos em potássio (por exemplo, banana e damasco, tanto frescos quanto secos). Esta reposição de sais também pode ser feita através dos isotônicos (ver em *Hidratação*).

Devem ser evitados alimentos muito gordurosos (chocolate, batata frita, biscoito recheado) nestes lanchinhos, porque a gordura leva muitas horas para ser digerida e absorvida pelo organismo, não fornecendo a energia necessária ainda durante a pedalada. Para isto, dê preferência aos alimentos ricos em açúcares e carboidratos.

Vale a velha fórmula em que todas as refeições deverem ser completas: carboidratos, proteínas, gorduras e fibras em cada uma delas. Estes elementos podem ser obtidos, por exemplo, em:

Carboidratos: pão, biscoito, granola, macarrão, arroz;
Proteínas*: queijo, leite, ovo, carne, arroz e feijão;
Gorduras: manteiga, maionese, castanhas;
Fibras: frutas, granola;

*Quando consumidos em combinação, os legumes e cereais, em geral, fornecem todos os aminoácidos necessários para que nosso organismo construa as proteínas.

Alguns cuidados devem ser tomados principalmente em viagens mais extenuantes. A ingestão de vitamina C deve ser diária, bastando uma laranja ou uma goiaba, ou um kiwi, frutas que contêm grandes quantidades desta vitamina.

Na impossibilidade de conseguir frutas frescas todos os dias, previna-se levando vitamina C efervescente ou em comprimidos – mas sem exageros, pois o excesso de vitamina C pode ser prejudicial, afetando o sistema renal. A dose recomendada para um adulto em atividade normal é de cerca de 100 mg. Mesmo que a absorção da vitamina C sintetizada não seja igual a da natural, os comprimidos de 500 mg são mais do que suficientes. Outra observação é que a vitamina C é melhor absorvida quando acompanhada dos alimentos, assim, é recomendado seu consumo durante as refeições.

A ingestão de ferro também deve ser aumentada. Alguns alimentos que contêm bastante ferro são: ovo, feijão, couve e beterraba.

Todos os nutrientes necessários para nosso corpo, por mais puxada que seja a viagem, existem naturalmente nos alimentos, não sendo preciso, portanto, utilizar suplementos alimentares.

Ritmo

Em relação à quilometragem rodada por dia, é uma questão totalmente pessoal. Se você nunca fez cicloturismo antes, pedale pouco nos primeiros dias de viagem e vá aumentando aos poucos até encontrar sua própria média diária. Uma pessoa não atleta, mas com condicionamento físico médio, costuma rodar em média 45 km em estradas de terra ou 65 km em asfalto. Num ritmo de turista, parando e conhecendo bastante os lugares, costuma-se fazer cerca de 1.000 km por mês. No Caminho de Santiago pedalei 1.000 km em 13 dias. Na travessia da Patagônia, foram 1.087 km em 10 dias de pedalada.

Porém, há tantos fatores a serem levados em conta que fica praticamente impossível fazer sua previsão de pernoites simplesmente contabilizando as distâncias no mapa. Se for época de chuva e as estradas de terra virarem lama, o rendimento vai cair. Por outro lado, se a estrada for de asfalto, uma chuva leve pode até ajudar, diminuindo o atrito dos pneus no chão. Se o vento contra for muito forte, você vai se "atrasar", se a paisagem for muito deslumbrante e você parar a todo instante para contemplar e fotografar, também. Ou ainda se o sol for muito intenso e não te deixar pedalar entre as dez da manhã e as quatro da tarde.

Portanto, tente planejar-se ao máximo. Descubra, antes de partir, todos os fatores externos que poderão influenciar em suas pedaladas. Mas, uma vez encontrada uma realidade diferente da esperada, não hesite em mudar seus planos. Não fique escravo do seu próprio cronograma!

Nas próximas páginas, você encontrará uma lista genérica para uma viagem longa e que considera o uso de camping. Faça os ajustes necessários para a duração da sua viagem. Este capítulo teve como base as informações disponíveis no site www.clubedecicloturismo.com.br criado por Rodrigo e Eliana Telles.

CHECK LIST DO CICLOTURISTA

ROUPAS
Camiseta
Camiseta manga longa
Camisa
Calça (de brim e tactel)
Cinto
Bermuda
Short
Meia
Roupa íntima
Roupa de banho
Meias
Casaco
Ceroulas
Luva
Gorro
Cachecol

PROTEÇÃO CONTRA SOL
Chapéu
Boné
Filtro solar
Protetor labial
Creme hidratante
Óculos de sol

CARTEIRA
Documentos (passaporte)
Xérox do comprovante de Vacina
Cheques
Cartão de banco
Dinheiro
Cartão telefônico
Agenda de telefones
Passagem

EQUIPAMENTOS
Máquina fotográfica (com filme e pilha)
Gravador (com fita e pilha)
Lanterna (com pilha)
Relógio
Binóculo
Bússola

GPS
Canivete
Apito
Travesseiro inflável
Capa de mochila
Fitas e peças de reposição para alforjes

CAMPING
Saco de dormir
Lençol
Rede
Mosquiteiro
Isolante térmico
Barraca
Varetas/pinos
Vela/latovela
Citrovela
Varal e pregador
Facão
Pano de limpeza

PRIMEIROS SOCORROS
Isqueiro
Fósforos
Cantil/garrafa
Cloro
Sacos plásticos
Livro
Mapas
Guia rodoviário
Caderneta e caneta
Selo e envelope
Vitamina C
Chiclete
Repelente
Baralho
Sabão e escova

PARA BICICLETA
Geral
Bagageiro
Alforjes (e capas)
Bolsa de selim
Bolsa de guidão

Bolsa para a bicicleta
Pezinho
Capacete
Luvas
Bermuda
Odômetro (com manual)
Farol
Caramanhola
Espelho retrovisor
Bar end
Refletivos
Cadeado e corrente
Extensores
Rede elástica
Pneu
Óleo
Graxa

PEÇAS SOBRESSALENTES
Cabos para câmbios e freios
Braçadeiras de vários tamanhos
Parafusos e porcas
Válvula de reserva
Pneu

FERRAMENTAS
Alicate de mandíbula solta
Alicate de bico
Chave de fenda
Jogo de chave Allen
Chave Philips
Chaves de boca
Chave inglesa
Chave de raio
Sacador de pino de corrente
Sacador de pedivela

PARA OS PNEUS
Kit de reparo (espátulas, cola, remendo, lixa, tesoura)
Bomba de ar
Câmaras de reserva
Chave para válvula

Roteiros

CAPÍTULO 8

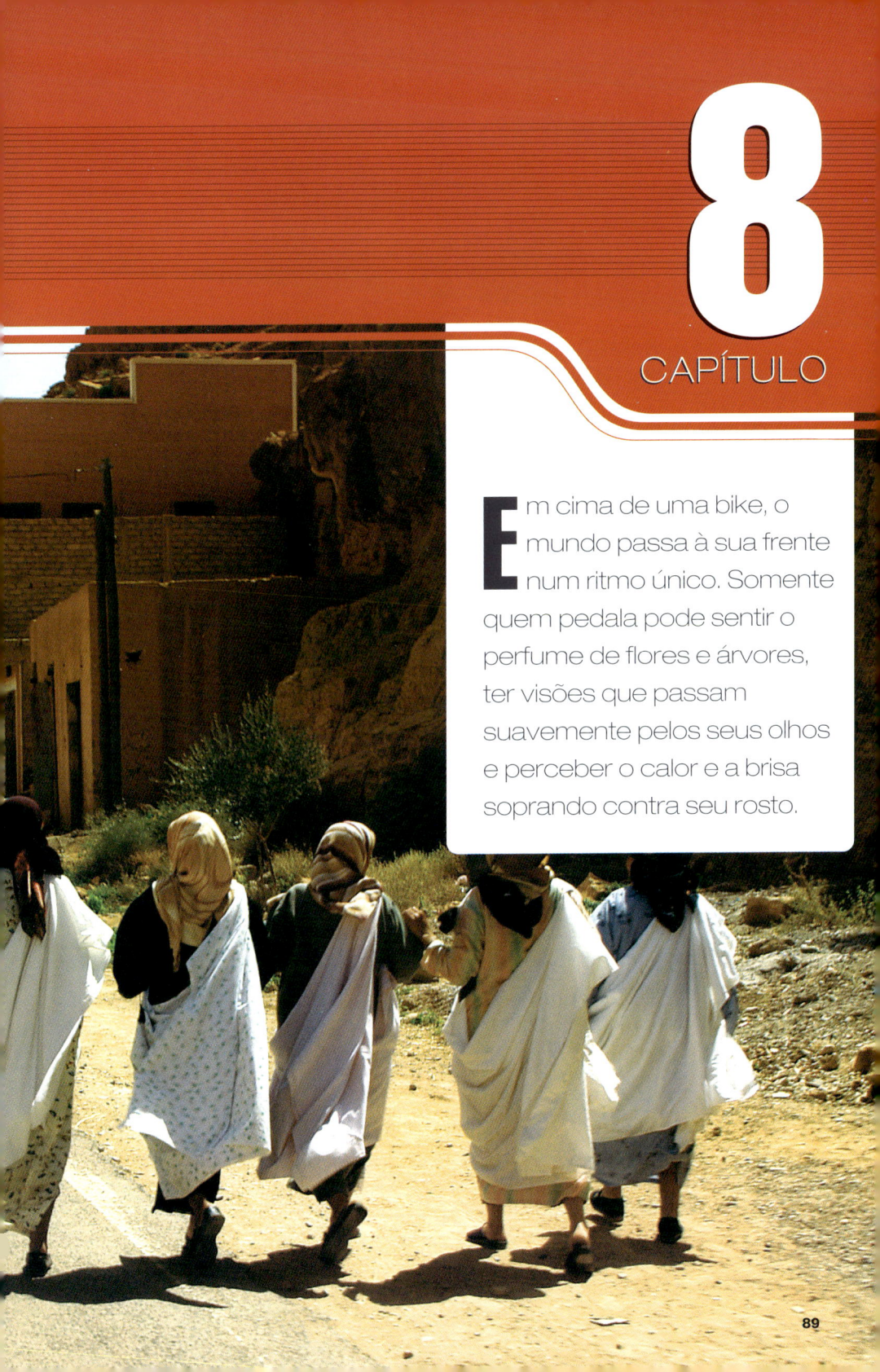

Em cima de uma bike, o mundo passa à sua frente num ritmo único. Somente quem pedala pode sentir o perfume de flores e árvores, ter visões que passam suavemente pelos seus olhos e perceber o calor e a brisa soprando contra seu rosto.

Cicloturistas gozam de um status que vai do herói ao louco. A visão de uma bicicleta chegando causa um sentimento de boas vindas único. Quem chega pedalando nunca é uma ameaça. Parece que o pedalar credencia o estranho como sendo uma pessoa esforçada e merecedora de respeito. As crianças adoram os "astronautas de capacete" que chegam em suas bicicletas e normalmente fazem festa, principalmente em pequenos vilarejos. Pedalar é muito bom. Conhecer o mundo em cima de uma bike é melhor ainda. Mas nem tudo é um paraíso. Você fica exposto ao clima, e o mundo não é feito só de planíces e ladeiras abaixo. Mas com planejamento, você pode realizar viagens inesquecíveis.

A maior parte do planeta já foi percorrida de bike. Na internet você encontra relatos de muitos cicloturistas contando sua experiências pelos mais longínquos lugares do globo.

Você pode fazer uma viagem independente ou contar com os serviços de empresas especializadas que oferecem suporte, serviços de apoio e pacotes de viagem parecidos com os tradicionais, só que você usa uma bicicleta para chegar de um ponto a outro.

Nesse capítulo, eu quero compartilhar com o leitor algumas viagens que fiz de forma independente e com a ajuda de empresas especializadas em cicloturismo. São três relatos internacionais e um nacional, feitos pelos amigos Eliana e Rodrigo Telles do Clube de Cicloturismo. Alguns deles, serão feitos de forma descritiva com o dia-a-dia da pedalada. Outros, apenas por um relato do que é o trajeto, para deixá-lo com vontade de conferir pessoalmente.

Espero que estes relatos sirvam de inspiração para que você experimente o prazer de viajar com uma bicicleta.

Torres del Rio no caminho de Santiago: um refúgio para o peregrino cansado

O Caminho de Santiago

Experimentar o Caminho de Santiago de Compostela parece estar incrustado no inconsciente coletivo. O desejo de também fazer o caminho é uma unanimidade, para quase todos que ouvem alguém mencionar, em experiências alheias ou num desejo próprio, um convite espontâneo para participar da jornada ou confessar o sonho de ir até Santiago.
Quais seriam esses motivos?
O caminho é uma rota de fé, de arte e cultura; uma rota humana em que há um encontro com a transcendência, além de ser uma aventura física e espiritual que leva o viajante para diferentes dimensões. Para chegar a Santiago, existem diversas rotas, mas as mais conhecidas são: a francesa, a portuguesa, a da prata (que sai de Sevilha), a rota do norte que margeia o Mar Cantábrico. Com tantas opções, conclui-se que todos os caminhos levam a Santiago.

Essa magia começou com a descoberta da tumba do apóstolo Santiago na cidade de Compostela no século IX. O Caminho de Santiago se tornou a rota de peregrinação mais importante da Europa Medieval. Incentivada pela igreja católica como uma forma de estimular a fé e conter o avanço do Islã pela Europa o caminho sobreviveu ao tempo. A cada ano leva milhões de pessoas a atravessarem centenas de quilômetros enfrentando desafios físicos e pessoais.
Fascinado com tantos relatos sobre o caminho, resolvi enfrentar o desafio de percorrer, de bicicleta, a rota francesa, que se inicia na pequena Saint Jean Pied du Port nos Pirineus franceses e termina, além de Santiago, na longínqua Finisterre (fim da terra em latim); onde os antigos romanos e celtas acreditavam que a terra acabava, num mundo imaginado plano. Em Finisterre, a Costa da Morte, onde o Sol morria a cada dia, seria o fim dessa jornada.

Enquanto muitos tomam o caminho e buscam a introspecção, busquei o oposto: munido da mais moderna tecnologia, notebook, câmera digital, celular-câmera e muitos quilos na garupa, vinte para ser mais preciso empreendi a jornada junto com o amigo Irineu Masiero em duas bikes numa pedalada de muitos quilômetros, mil deles. Nossa intenção era compartilhar cada momento vivido com as pessoas que não puderam estar lá, pedalando conosco. A cada dia atualizávamos o site www.grandesaventuras.com.br com fotos e textos sobre nossas andanças. O leitor poderá ver nos diários de bicicleta, um relato do que foi o dia-a-dia dessa aventura.

E se você já está sonhando em fazer esse caminho, saiba que qualquer pessoa com boa saúde pode enfrentar esse desafio. Não precisa ser um atleta, mas é importante se preparar, gradativamente, praticando longas caminhas ou pedaladas antes de iniciar essa viagem, para acostumar o corpo com a rotina diária de andar e pedalar. Em média, um peregrino leva 30 dias caminhando ou 15 pedalando pela rota francesa.

Para mim, o Caminho de Santiago é uma viagem aos sentidos, pois nos proporciona ver paisagens deslumbrantes, ouvir línguas, dialetos e músicas únicas daqueles cantos, saborear iguarias e pratos regionais, falar com pessoas do mundo inteiro, tocar e perceber a textura das pedras milenares de castelos e igrejas, sentir o perfume e os diferentes odores de flores e campos. Todos os sentidos, igualmente contemplados. Em minha viagem, pedalei 15 dias. Os percursos diários variaram entre 30 e 130 km, dependendo da topografia encontrada.

Os caminhos

Andar, ou pedalar, pelos caminhos que levam à Santiago de Compostela, é uma experiência de paz. Montanhas, vales, planícies e rios formam uma sucessão de imagens e aromas que marcam toda a aventura de atravessar o norte da Espanha em direção ao fim da terra.

O caminho começa em Saint Jean Pied Port, no vale do rio Iraty, que cruza o pequeno povoado. A subida passa por bosques perfumados de pinheiros. É uma comunhão perfeita entre o espiritual e o profano, fortalecida pela subida até um lugar chamado Ibañeta, a 1.057 m de altura, que favorece a formação de neblina e dá uma atmosfera mística ao local. De Ibañeta, uma descida forte leva a Roncesvalles. De Roncesvalles a Pamplona o percurso alterna elevações e baixadas, e corta os vales dos rios Arga, em Zubiri, e Esteribar, em Larrasoaña. Começam a aparecer as plantações de trigo que vão perdurar por centenas de quilômetros. A estrada para Campana, um caminho alternativo ao paredão onde fica o Alto do Erro, revela uma paisagem fantástica, talvez a mais bonita do caminho. A estrada que leva a Estella é pouco utilizada, mas está em ótimas condições.

A partir de Nájera, o solo começa a ficar mais pedregoso e é a vez das videiras dar o ar da graça. Grandes áreas simetricamente plantadas indicam que a região de Rioja se aproxima, e, com isso, os bons vinhos também. Antes, porém, é preciso subir alguns morros até Viana, a última cidade navarra, pródiga em ventos fortes e constantes.

No caminho de Burgos, e depois até León, na província do mesmo nome, a imensidão de verde e azul que vem dos trigais e do céu aliadas à uma planície sem fim, produzem tranqüilidade e calma interior. Imutável, essa paisagem permanece por mais de duas centenas de quilômetros. Esse talvez tenha sido o trajeto mais monótono em termos de paisagens.

O trajeto de León a Rabanal Del Camino não traz grandes emoções, mas já adianta o tipo de subida que aparece forte em Foncebadón, no Monte Irago, onde fica a famosa Cruz de Ferro, um símbolo com mais de 2 mil anos de história. O terreno é montanhoso e a altitude máxima (onde fica a cruz) é de 1.504 m. Pouco depois da cruz, há uma forte descida até Ponferrada, cidade que fica num vale cercado por montanhas enfeitadas de flores coloridas. A elevação até o Cebreiro é violenta e sofrida. Longa e íngreme, é um verdadeiro martírio para ciclistas e os pedestres, mas vale a pena pela vista incrível que se tem do alto.

Do Cebreiro a Sarriá e de lá até Portomarín, onde a visão do rio Minho é um bálsamo de Ventas de Narón a Palas Del Rei, o viajante terá de subir e descer bastante, mas depois, até Arzúa, não

Catedral de Santiago de Compostela durante o pôr-do-sol

existem problemas. Daí, a Santiago de Compostela é uma tranqüilidade e o caminho parece ter nova vida. Essa sensação, naturalmente, é impregnada pela proximidade da chegada a Santiago de Compostela.

O trajeto até Finisterre tem altos e baixos tão intensos que tranformam a viagem numa agonia para as pernas, principalmente porque o objetivo mais importante, que é chegar a Santiago, já foi alcançado. Mas, mesmo assim, o percurso é bonito de se ver, e as flores amarelas, vermelhas e brancas voltam a aparecer com bastante força. Em Finisterre, o ambiente marítimo traz alegria e convida à contemplação além de brindar ao peregrino exausto com um pôr-do-sol inesquecível.

Gastronomia

A riqueza da culinária do norte da Espanha – e principalmente aquela do trajeto que o peregrino cruza, que se inicia no País Basco, passa por Rioja, pela região de Castilha-Leon e termina na Galícia – é um prazer que se renova a cada região. Presuntos defumados, aspargos de Navarra, polvos, lulas, lagostas, mexilhões, centollas (um tipo de caranguejo) e toda espécie de frutos do mar e pescados do frio mar Cantábrico carne bovina, de porco e carneiro das planícies da Mancha, queijos manchegos, os famosos tetillas (em forma de seios, cremosos por dentro e mais resistentes por fora: a tradição diz que se compram aos pares), gazpachos, vinhos de Rioja e sangrias, morcelas de Burgos e León, e outras delícias fazem a festa do peregrino. Por isso, se alguém que fez o caminho lhe contou que passou fome, foi por pura opção.

Além dessas especialidades, o viajante encontra outra peculiaridade chamada "menu do peregrino". O prato – ou os pratos – encontrados na maior parte dos restaurantes do Caminho, é um reforçado alento ao faminto ciclista e é composto de pão, água ou vinho (uma garrafa), primeiro prato, segundo prato e postre (sobremesa), a um preço médio de € 8. Nesse menu, é possível encontrar lulas en su tinta com arroz, ternera com patatas (filés com batatas fritas), sopa de mariscos, lentillada (um tipo de cassoulet de lentilhas com morcela, lingüiça, toucinho e lascas de jamón), macarronada, vagens refogadas (muito apreciada pelos espanhóis), gazpachos (uma sopa fria feita de tomates, alho, pão amanhecido, pepino, pimentão, azeite, vinagre e sal), pudins, sorvetes (industrializados) e a imperdível torta de Santiago.

O peregrino

Tentar traçar o perfil do peregrino é tarefa tão difícil quanto contar as estrelas da Via Láctea, o caminho do céu que orienta o peregrino. Cada um que se dispõe a caminhar ou pedalar 800 km tem suas crenças e valores próprios. Todos os motivos são válidos e o que realmente importa é fazer a viagem, sempre mágica e repleta de sensações. Alguns buscam o aspecto místico que permeia todo o trajeto. Outros, o prazer de conhecer e viver a história que toda essa região possui, com referências, relatos e locais com mais de 2 mil anos de idade. Alguns pela aventura que é cruzar um país utilizando o próprio esforço ou por puro turismo.

O que une todos é, sem dúvida, o companheirismo e a solidariedade, expressa muitas vezes durante o trajeto. Ora é um cuidado especial que se dá a alguém com bolhas nos pés, ora um pouco d'água ou uma informação preciosa para quem precisa, às vezes, de uma palavra amiga ou um incentivo para continuar a peregrinação. Uma das primeiras constatações do peregrino é de que ele não precisa da metade da tralha que trouxe para a viagem. Esse aprendizado, se levado a prática no cotidiano depois que se volta da viagem, é a melhor conquista, que se obtém do

Monumento ao herói espanhol El Cid, em Burgos

Punte La Reina, um dos mais belos exemplos da arquitetura romântica

Caminho. Pelo menos foi para mim.
A credencial
Um peregrino é facilmente identificável durante suas andanças ou pedaladas por terras de Espanha; mochila, cajado, vieira (a concha símbolo do caminho). Contudo, é a credencial do peregrino que resumirá toda sua jornada e sua história pelos caminhos de Santiago.

Um simples impresso que aos poucos vai tomando uma importância cada vez maior à medida que é preenchido com os carimbos obtidos em albergues e igrejas. Ela enche o peregrino de orgulho e recordações quando, terminada a viagem, relembra através de cada carimbo os intermináveis quilômetros necessários para obter aquela estampa. No Brasil, a credencial e outras informações podem ser obtidas através do site www.santiago.org.br. Ao iniciar uma peregrinação, não importando por qual caminho, ou motivo, o peregrino vai constatar que o Caminho de Santiago é o mesmo para todos, mas nunca igual. Este foi o meu caminho e a minha percepção. Se você o fizer exatamente igual, terá outra história para contar.

Acima, vinho gratuito em Irache; abaixo credencial do peregrino

Capítulo 8

Roteiros

Pra lá de
Marrakesh

A cultura árabe sempre me fascinou. Visitei o Marrocos em 2000 e fiquei encantado com o país. Decidi que um dia voltaria para lá, mas não imaginei que seria de bicicleta. Naquela época, fazia seis anos que havia pedalado por lá pela última vez.
Essa viagem foi planejada dentro de um projeto pessoal onde me dispus a cruzar três cordilheiras de montanhas: os Andes na América do Sul, o Atlas no Marrocos e o Himalaia na Ásia.
O trajeto dessa viagem de 400 km cruzou o Atlas de Norte a Sul na região chamada Alto Atlas. Para esta viagem usei os serviços de uma empresa especializada em tours de bicicleta pelo Marrocos. Antes de descrever o roteiro pedalado, preciso falar de Marrakesh. Uma das cidades mais incríveis do Marrocos, ela é o ponto de partida dessa aventura. Aliás, a cidade em si já é uma aventura para o turista.
Existem duas Marrakesh. A árabe, com seus mercados e ruas estreitas, e a francesa, com suas avenidas largas e ruas arborizadas no melhor estilo europeu. Marrakesh tem como ícone a grande torre da mesquita de Kotoubia, que fica na principal avenida da cidade, o Boulevard Mohamed V. A partir dela, o turista pode caminhar uns 300 m por uma alameda onde encontrará dezenas de carruagens que servem de táxi aos turistas, e o deixará no principal ponto turístico da cidade.
Uma cidade com alma e corpo, tem na praça Djemma El Fna seu coração. É em torno dessa praça que a cidade vive. Além de dividir a cidade, separando a parte antiga da moderna, ela também funciona como uma máquina do tempo que leva o viajante do século XX para algum lugar do passado, no meio de um filme temático.
A praça é a porta de entrada à medina, com suas ruas estreitas e o comércio à moda antiga, no melhor estilo árabe, onde a barganha é peça chave para se fazer qualquer negócio.

Ait Benhaddou foi cenário de vários filmes

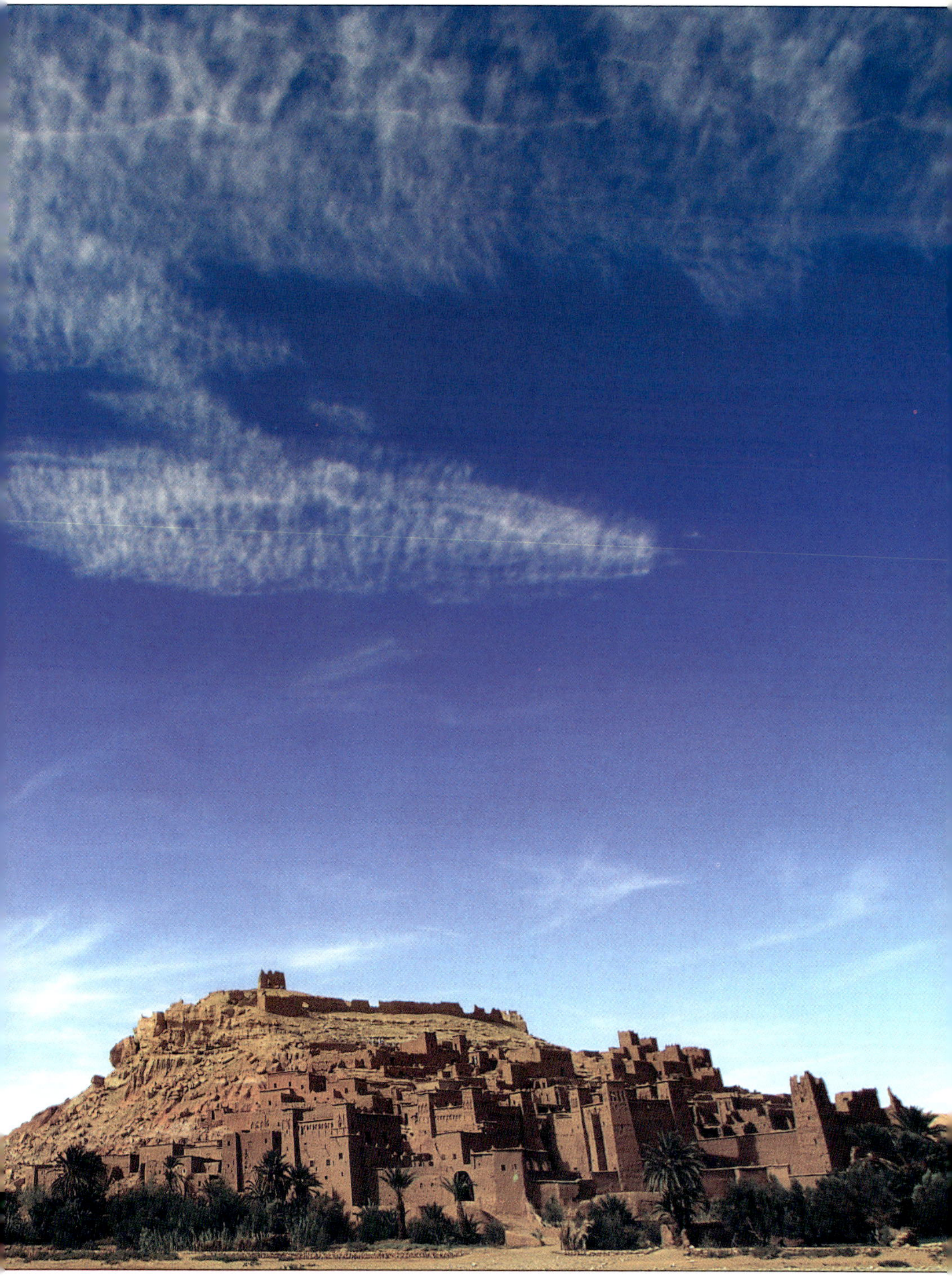

Típica vila no interior da cordilheira do Atlas

Durante o dia, a praça é uma confusão: encantadores de serpentes, vendedores de água, malabaristas, leitores de mão, artistas mambembes, vendedores de suco de laranja, barracas para pintura de tatuagens de hena e não sei mais quantos tipos diferentes, cada um a seu modo, tentando ganhar a vida. À noite, a desordem se transforma num caos.

Com o pôr-do-sol a praça vira um grande restaurante a céu aberto. Sua área central é tomada por barracas de alimentação onde se prepara comida típica e trivial. Do tradicional cuzcuz, tabule, tagine, kafta e outras iguarias conhecidas dos ocidentais encontram-se até pratos exóticos que exigem certo despreendimento para sua degustação. Olhos de carneiro, entranhas de bode, e outras tantas especialidades estão à disposição dos corajosos turistas.

Para apreciar o frenético e variado espetáculo proporcionado pela praça, a dica é subir a um dos cafés que ficam nos terraços dos prédios que bordeiam a praça. Ali, vale o ditado árabe "a pressa mata". Peça um chá com menta e relaxe. Em cada metro da praça você terá uma atração única para observar, de camarote.

Depois de relaxar, tome fôlego e entre na medina; vá às compras. Marrakesh é a cidade das cores, sabores, odores. Nas ruas estreitas, e lojas mais ainda, você encontrará de tudo. Tecidos, artesanato, roupas, tapetes, bijuterias, tudo para turistas e para os habitantes da cidade. É nessa mistura que você tem que se embrenhar e assumir que terá que regatear o preço de qualquer coisa que for comprar.

É quase uma ofensa não barganhar. Além disso, o preço inicial que lhe passam, certamente é o dobro do que vale a mercadoria. A regra básica é iniciar a negociação oferecendo uns 30% do valor original e fechar por 40 ou 50%. Assim, é possível voltar para casa com uma certa sensação de vitória na negociação.

Primeiro dia

Depois de dois dias em Marrakesh chegou, a hora de começar a aventura. Todos do grupo estavam anciosos para começar a pedalar. Depois de acordar às 6h da manhã, tomar o café e colocar

Detalhe das cidade de Ait Benhaddou onde foi filmado o Gladiador

as bicicletas no bagageiro do 4x4 tínhamos um percurso de aproximadamente cinco horas até o ponto inicial da viagem, a pequena vila de Tizinisli, no meio do Alto Atlas.

A Cordilheira do Atlas é uma cadeia de montanhas com 2.400 km que se estende por Marrocos, Argélia e Tunísia. O pico mais alto é o Jbel Toubkal, com 4.167 m, localizado ao sul do Marrocos. As montanhas do Atlas separam as margens do Mar Mediterrâneo e do oceano Atlântico do deserto do Sahara. A população dessas montanhas é constituída principalmente de berberes no Marrocos e de árabes na Argélia.

Nesse dia tínhamos 65 km de distância a ser percorrida, em estrada asfaltada. Um desnível de 1.200 m verticais teria de ser vencido. Com temperatura ao redor de 28º C, a pedalada começou por volta das 13h. Ao longo do percurso cruzamos algumas vilas onde um ritual se repetiria por toda a viagem.

As crianças das aldeias ao verem o grupo chegar se colocavam nas ruas e aguardavam ansiosamente algum tipo de presente.

"Monsieur, Monsieur, un stylo, un bonbon" diziam as crianças, em francês, nos pedindo uma caneta ou um bombom. Surpresos, nos restava apenas retribuir o aceno de mãos para as crianças.

Por um erro de cálculo do guia, os últimos quilômetros da pedalada ocorreram após o pôr-do-sol. Três pessoas do grupo, inclusive eu, optamos por colocar as bicicletas no carro de apoio. Os outros três resolveram continuar no escuro, com o carro de apoio iluminando a estrada. A poucos quilômetros da vila de Imilchil, onde dormiríamos, uma surpresa: centenas de ovelhas, em diversos rebanhos, andavam pela estrada, retornando, juntas de seus pastores. Um verdadeiro zigue-zague precisou ser feito para ultrapassá-las. Imilchil fica a 2.200 m de altitude e no inverno a temperatura pode chegar a menos 15º C. A vila tem energia elétrica provida por geradores. Depois das 11h da noite, eles são desligados. Mas isso não era problema pois, cansados como estávamos, antes desse horário já havíamos dormido.

Segundo dia

No segundo dia, tínhamos um percurso de 90 km pela frente. Os primeiros 20 km em asfalto e o restante por estradas de terra. Nesse dia atingimos o ponto mais alto da pedalada: 2.700 m de altitude. Um cenário impressionante onde podíamos ver vales e canions com mais de 600 m de desnível. Levamos 20 km para subir de 2.300 m a 2.700 m. Leve e contínua, a subida contrastaria com a descida que viria a seguir. Em menos de 6 km, com muitas curvas em "S" e cascalho solto, voltaríamos para uma altitude de 2.200 m. Perigosa mas emocionante foi a descida: mãos no freio o tempo inteiro. No final do dia, chegamos à Vila de Tamta onde pudemos descansar e jantar em uma autêntica tenda berbere.

Nesse dia, tivemos outros encontros com crianças, mas dessa vez um pouco triste, pois algumas delas, desapontadas por não receberem nenhum presente, acabaram atirando pedras em alguns dos ciclistas.

Terceiro dia

Este seria o dia mais curto. Menos de 40 km de pedalada nos levaria de Tamta até Tinhir. O percurso era quase todo plano ou em descida, uma maravilha para quem pedala. Passaríamos também por um dos lugares mais impressionantes: as gargantas do Todra. Formadas pela erosão da água, a montanha foi cortada pelo riacho e formou um caminho onde paredes de mais de 100 m de altura afunilavam a estrada.

Depois de uns 2 km dentro da garganta, o cenário mudava completamente; lembrava-me alguns cenários do segundo filme *A múmia*, onde os heróis, voando em um balão, passavam do deserto a um oásis de palmeiras, depois de atravessarem uma garganta como a do Todra.

Tinhir é a capital desta província do Atlas. Cercada por um enorme palmeiral, a cidade possui muitos artesãos e a produção de tapetes do local é responsável por boa parte da receita da cidade.

A rotina da pedalada dependia do terreno que encontrávamos. Em geral, pedalávamos uns 30 km e fazíamos uma pausa para descanso. O esforço físico era moderado a maior parte do percurso.

Acima, o deserto vira um oásis e propicia o estabelecimento de povoados ao longo dos palmeirais
Abaixo, a praça Djema El Fna, centro comercial de Marrakesh

Quarto dia

Para quem pedalou pouco no dia anterior, tínhamos 115 km pela frente. O destino final era Knob. Nesse dia cruzaríamos o Monte Sagro, com 2.300 m de altitude. Essa montanha se encontra na área que antecede o deserto do Sahara. Acordar às 6h da manhã para aproveitar a baixa temperatura das primeiras horas era importante para atingirmos nosso objetivo. O trajeto desse dia através das montanhas alternava intermináveis subidas e descidas. Apenas os últimos quilômetros foram amenos. A recompensa do dia foi avistar o hotel Baha Baha, uma construção do início do século XX restaurada e finamente decorada com temas berberes.

Quinto dia

Esse dia tinha tudo para ser fácil. Seriam aproximadamente 100 km, a maioria, segundo o guia, composta por terreno plano. E isso foi verdade. Os primeiros 25 km foram tranqüilos. Estrada asfaltada, plana. Um paraíso. Só que dois fatores tornaram a pedalada um martírio. Um forte vento contra se instalou contra nós durante boa parte do dia. Dos 20 ou 22 km/h em média, a velocidade caiu para 14 ou 14 km/h. E o calor? Após o meio-dia pedalamos com temperaturas nunca inferiores aos 40°C. As três da tarde o termômetro marcava 46°C. Com o vento contra, a sensação que tínhamos era a mesma de apontar um secador de cabelo para o rosto. Foi realmente duro. Decidimos que os últimos 20 km, até a cidade de Zagora, seriam percorridos no carro de apoio. Foi uma decisão acertada. Esse dia nos proporcionou uma experiência única. Encontramos dois camelos selvagens, fazendo um lanchinho, ou seja, comendo folhas de uma pequena árvore a uns 200 m da estrada. Não tivemos dúvida em nos aproximar para observar essa cena a uma distância de 10 m.

Chegar em Zagora, depois de atravessar quilômetros de palmeirais, foi muito gratificante. A pedalada estava terminada. Todos cansados mas satisfeitos. Um banho de piscina foi o refresco necessário ao corpo.

Sexto dia

Voltar a Marrakesh nos tomaria o dia todo. Os aproximadamente 350 km levariam nove horas. Teríamos de cruzar o Atlas através de uma estrada tortuosa que deixava a média horária bem baixa. Além disso, uma parada no caminho para almoço em Ouarzazate e uma visita à mais incrível das cidades do Marrocos, Ait Benhaddou, nos tomaria pelo menos duas horas.

Ait Benhaddou é patrimônio da humanidade. Ao chegar no local, é impossível não ficar boquiaberto com sua arquitetura. O curioso é que eu tinha impressão de conhecer o local. Puxando pela memória e com a ajuda do guia foi fácil. A cidade já foi cenário de filmes como *Lawrence da Árabia* e *O gladiador*. Neste filme, as cenas em que o herói é vendido como escravo e tem a sua primeira luta foram filmados por lá.

Depois da visita a Ait Benhaddou, a viagem prosseguiu. Num único dia, passamos por diversos microclimas. Temperaturas que foram dos 40°C no deserto aos 5°C no alto do Atlas; vales férteis, outros estéreis além de muitas aldeias encrustadas na montanha, onde seus habitantes viviam uma realidade e um tempo só seus, o que me fez lembrar de um ditado marroquino muito usado para explicar o ritmo de vida que levam: "Você tem o relógio, eu tenho o tempo".

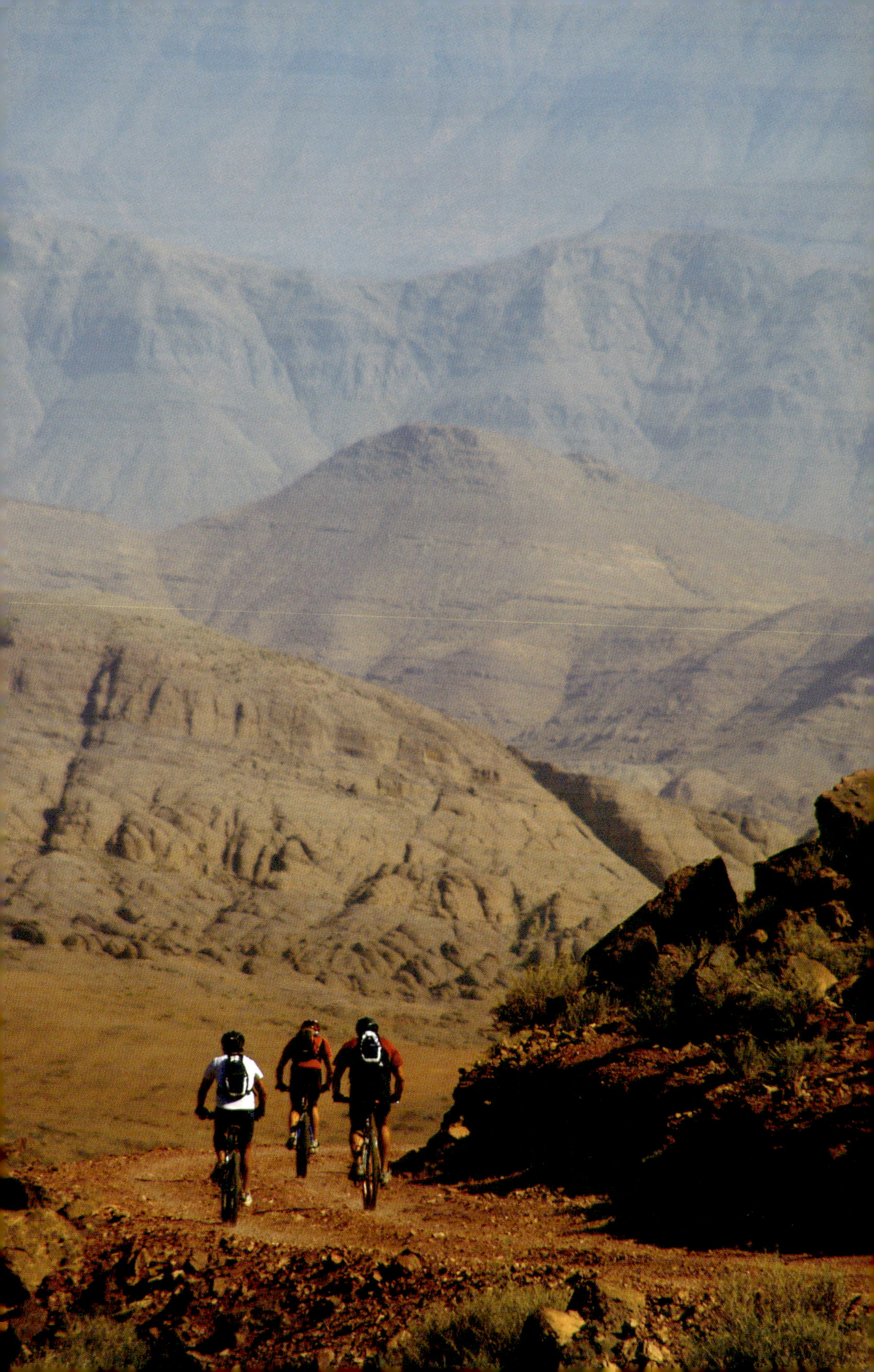

No Bairro do Ipiranga (em Rodeio) a subida de 8 km é acompanhada das estátuas de anjos

Circuito Vale Europeu
Santa Catarina
Por Eliana e Rodrigo Telles

Pedalar por vales e montanhas, rios e nascentes, atravessar matas e florestas de pinheiros, presenciar arquitetura e culturas européias, ouvir pessoas falando em outros idiomas, essa é a idéia deste circuito. Por incrível que possa parecer, este caminho não fica no velho continente, mas bem dentro do nosso país, mais precisamente no interior de Santa Catarina. São cerca de 300 km que podem ser feitos em sete dias, passando por oito municípios, e o melhor: quase todo o trajeto por estradinhas de terra.

A influência da colonização européia em toda a região é muito evidente. Não somente na cor clara dos olhos, pele e cabelos, mas também no modo de vida das pessoas. Na região rural, por exemplo, é incrível como são preservados os hábitos e mesmo os equipamentos utilizados para o trabalho, que na época da colonização foram trazidos pelos imigrantes. Até as carroças puxadas por grandes cavalos têm um estilo que só estamos acostumados a ver em filmes.

Tudo é muito charmoso e bem conservado. Na frente de cada casa sempre há um caprichado jardim. No final do dia, quando voltam do trabalho, é comum os moradores passarem bastante tempo cuidando do jardim e da casa. Este momento é ótimo para quem passa de bicicleta, pois tem-se acesso fácil às pessoas, basta parar e começar a conversar.

As culturas que apresentam maior influência ali são a alemã e a italiana. A arquitetura Enxaimel, vinda do sul da Alemanha, é a primeira coisa que salta aos olhos de quem chega. As estruturas das casas são todas em madeira, e os tijolos, somente para

Cachoeiro do Zinco: mais de 70 m de queda d'água

preenchimento das paredes, muitas vezes formam elaborados desenhos com suas tonalidades variadas. Os telhados são sempre muito inclinados e pontiagudos, herança de uma terra onde o acúmulo de neve significava um risco.
Na cidade de Pomerode, considerada a mais alemã do Brasil, o circuito passa por dentro da famosa Rota Enxaimel. Lá, há uma grade concentração de casas neste estilo, cada uma com plaquinha de identificação, data de construção e nome da família proprietária. Mas esta arquitetura não está restrita a esta rota, ela está espalhada por diversos outros lugares, em toda a Zona Rural da região, inclusive dentro das cidades, ainda disputando espaço com as casas mais novas.

Para se ter uma idéia da força da cultura estrangeira na região, ainda é comum encontrar crianças pequenas falando somente alemão – o português, muitas vezes, é aprendido como segunda língua, na escola. Mas mesmo assim, independente das

A parte alta do roteiro é bem isolada e possui lindos visuais

origens, todos têm muito orgulho de possuir o Brasil como pátria. Para-se ter certeza disso, basta passar lá em época de Copa do Mundo. As bandeiras verdes e amarelas tomam conta de todas as casas. Já a cultura italiana se apresenta com muita força na gastronomia, assunto que, por motivos óbvios, geralmente interessa bastante ao ciclista. Existem excelentes opções de restaurantes e pizzarias, além do destaque para a produção local de vinhos e queijos. Próximo à cidade de Rodeio, o circuito passa por uma vinícola e logo em seguida por uma fábrica de queijos. Além de poder experimentar um pouquinho de cada um, aprende-se muito sobre a fabricação e história dos mesmos. Em diversos lugares, é servido o café colonial, famoso em toda região, e que certamente deixa saudades. Pães e bolos de todos os tipos, lingüiças e queijos artesanais, cucas (bolo típico com cobertura crocante) de vários sabores... uma delícia.

Outro detalhe muito interessante da região, que com certeza tem origem na cultura dos imigrantes, é a intimidade com a bicicleta. Além da cultura ciclística propriamente dita, as famílias também utilizam a bicicleta como um meio de transporte. Na cidade de Timbó, por exemplo, existe praticamente uma bicicleta para cada habitante. Trabalhadores, crianças e idosos, todos usam a bicicleta, e no fim do expediente, as ruas ficam tomadas delas. Chega até ser impressionante passar na frente de fábricas e ver imensos bicicletários completamente cheios. Por isso, o cicloturista é encarado com muita naturalidade e encontra uma ótima receptividade.

O Circuito Vale Europeu foi planejado especialmente para o cicloturismo, por isso, todas as distâncias, estradas e os relevos foram levados em conta do ponto de vista de quem pedala. As distâncias diárias ficam em média de 50 km, o que favorece bastante o deslocamento de bicicleta. É possível pedalar todo o percurso e ainda fazer muitas paradas para descansar, apreciar o visual, conversar com pessoas e fotografar. Ao final de cada dia, chega-se sempre a um ponto de apoio, isto é, um local para comer e dormir, que pode ser numa cidade ou numa pousada.

Na parte baixa muita natureza e história preservada

O circuito tem início na cidade de Timbó, que fica a cerca de 30 km de Blumenau. Nos primeiros três dias o caminho segue pela parte baixa do vale do Rio Itajaí Açú. Possui subidas e descidas, é claro, mas retorna sempre a uma altitude pouco maior do que o nível do mar. Este trecho, por suas características de relevo, pode ser feito por qualquer pessoa que possua um condicionamento físico razoável e uma certa experiência com bicicleta. As características principais deste primeiro trecho do circuito são: a presença de muitos bairros com casas típicas, longas distâncias acompanhando rios, e pontes, de todos os tipos que se possa imaginar. Vão desde pontes de madeira cobertas com telhado, até uma longa ponte pênsil, onde é necessário esperar o semáforo abrir pois só é possível passar um veículo de cada vez.

Já a segunda metade do circuito sobe a serra em direção às represas, que ficam a cerca de 700 m de altitude. É uma região um pouco mais isolada, onde a natureza está muito presente. São freqüentes os trechos em que a estradinha estreita se embrenha na mata e permite que o cicloturista fique muito próximo dos pássaros e outros pequenos animais. Grandes quantidades de araucárias embelezam o cenário e não nos deixam esquecer que estamos no sul do Brasil. Neste trecho, o relevo é mais acentuado e exige um bom preparo para enfrentar alguns desafios como as longas subidas. Mas cada subida tem a sua compensação, os visuais são realmente incríveis, deixando sempre à mostra a beleza dos vales. O circuito não poderia deixar de contornar as duas grandes represas no alto da serra. As casinhas e araucárias refletidas no espelho d'água geram cenas inesquecíveis.

Como muitos trechos do circuito principalmente na parte alta possuem pouca urbanização e pouco movimento de veículos, é importante que o cicloturista carregue sempre consigo bastante água e alguns alimentos. Capa de chuva e roupas de frio também são muito importantes, já que a região tem um clima muito variado e não tem estação de chuvas muito definida. É aconselhável que se carregue também um saco de dormir, para alguma eventualidade.

Dia 1 (Timbó e Pomerode)

O primeiro dia pode ser considerado uma boa amostra do Circuito como um todo. Saindo de Timbó, você irá pegar a estrada de terra que passa pelo bairro dos Tiroleses. É um trecho razoavelmente plano que termina em Rio dos Cedros. Atravessando todo o calçamento da cidade, você sai novamente na terra; agora em direção à localidade de Rio Ada. Até chegar lá, você irá pegar algumas subidas não muito fortes. Depois desta localidade, há mais uns 4 km de subida sendo cerca de 1 km bem íngreme.

Chegando lá no topo há mais um sobe-e-desce e depois uma descida deliciosa que só termina na Rota Enxaimel, de Pomerode. Na verdade você irá fazer a rota ao contrário, por isso preste atenção nas plaquinhas explicativas que podem estar viradas para o outro sentido. É bom chegar com tempo até aqui porque este trecho de cerca de 10 km com certeza irá propiciar várias paradas para fotos ou conversas com os moradores. Chegando em Pomerode, uma boa dica é aproveitar as opções de culinária alemã e os doces deliciosos.
Distância total: 46 km

Acima: ponte pênsil no Complexo Turístico Thapyoka em Timbó
Abaixo: quase todo o caminho é por estradas de terra (Rodeio)

Dia 2 (Pomerode e Indaial)

O circuito foge do asfalto principal pegando a estradinha de terra que passa pelo bairro do Wunderwald (que em alemão significa linda floresta). A estrada realmente faz jus ao nome passando por uma região muito bonita. O dia já se inicia com subidas, a maioria delas não tão íngremes, mas em dois pontos o jeito provavelmente vai ser descer da bicicleta e empurrar um pouco. Após cruzar o primeiro morro do dia (cerca de 320 m de altitude), você irá chegar no asfalto principal (que liga Pomerode até a BR470). Mas como a idéia é continuar fugindo dele, você irá pegá-lo somente por cerca de 1 km sentido Pomerode para logo sair à esquerda sentido Mulde. Este é um grande bairro na Zona Rural de Timbó com uma alta concentração de casas no estilo Enxaimel. Para cruzá-lo, você terá que encarar mais um morrinho. Mas não se preocupe, este é um pouco menor que o anterior. Você irá voltar ao fundo do vale e continuar por uma estrada de terra da Mulde, que leva direto à cidade de Indaial. É necessário ter bastante atenção, pois o caminho cruza a BR470, rodovia bem movimentada e de mão dupla. Você contornará a cidade por trás passando por uma estradinha embelezada pelo rio que a margeia. A chegada é na charmosa Ponte dos Arcos, que liga as duas partes da cidade. Distância total: 41 km

Uma das características marcantes do Circuito é a quantidade de rios e nascentes (Indaial)

Dia 3 (Indaial e Rodeio)

Este dia é essencialmente plano. No início, a estrada é um pouco movimentada, mas logo a poeira vai se dissipando e a tranqüilidade retorna. No Warnow, apesar do Circuito continuar em frente, à direita da estrada há uma ponte pênsil que vale uma parada. Os formatos de arcos nos cabos de aço formado pelo peso das tábuas criam longas subidas e descidas por cima do rio. Aliás, a partir de agora o largo e bonito rio Itajaí estará acompanhando a pedalada sempre à direita. Cerca de 2 km depois a estrada atravessa uma outra ponte curiosa — toda de madeira e com telhado para preservá-la da ação do tempo, um hábito também trazido com os primeiros imigrantes. Depois de chegar ao calçamento, é necessário cruzar a BR novamente, sempre com cuidado. Alguns metros mais adiante uma outra estradinha secundária leva à pequena cidade de Ascurra. Dali até Rodeio são cerca de 5 km de paralelepípedo, o que no final do dia não é exatamente um presente para o ciclista, mas quem teve um dia de pedalada tão agradável nem irá notar. De Rodeio o cicloturista tem duas opções. Se sentir que já é hora de voltar para casa pode terminar a viagem retornando para Timbó por uma estrada asfaltada de cerca de 16 km, ou então, se estiver certo de que esse foi só o começo, pode descansar e se preparar para o próximo dia, que será bem puxado.
Distância total: 28 km

Foto: Walter Magalhães

Acima: trecho plano que margeia o rio Itajaí-Açu
Abaixo: toda a região é muito preservada

Acima: o caminho se embrenha na Mata Atlântica e se torna muito agradável. **Abaixo:** paisagens rurais lembram a Europa do século passado

Dia 4 (Rodeio e Dr. Pedrinho)

Neste dia é bom levantar cedo pois provavelmente ele será o mais puxado e cansativo de todo o Circuito. O caminho começa pela estradinha de terra que leva ao bairro do Ipiranga. Logo no início da pedalada você vai dar de cara com uma longa e interminável subida. Serão 8 km pedalando ladeira acima. Mas não se preocupe muito; primeiro porque a subida é numa inclinação "pedalável" na maior parte do tempo, e depois, porque esta subida tem muitos pontos de parada obrigatórios. O primeiro é a fábrica de queijos da Giacomina, onde, além de ser muito bem recebido, você irá saborear todos os tipos de queijos e ainda aprender bastante sobre eles. Mais alguns quilômetros à frente e você começará a reparar em algumas estátuas de anjos brancos na beira da estrada. É uma impressionante queda d'água com mais de 70 m de altura, que despenca de uma enorme laje de pedra circundada de mata. Se você tiver reservado com antecedência poderá pernoitar lá, continuando o trajeto no dia seguinte. Voltando ao caminho original, em mais alguns quilômetros você chegará à igreja Enxaimel, a única deste estilo no Brasil. É um ótimo lugar para uma parada de descanso, mas não se demore muito porque o percurso ainda lhe reserva algumas boas subidas. O circuito passa agora por diversas vilas e bairros esparsos e termina por chegar a Dr. Pedrinho. Distância total: 48 km

Dia 5 (Dr. Pedrinho e Alto Cedro)

O percurso do dia começa numa pequena estradinha, que sai próximo à Bella Pousada, em Dr. Pedrinho. O caminho segue plano, por entre árvores e plantações, até desembocar numa estrada de terra um pouco maior que logo chega à entrada da cachoeira Véu da Noiva. Vale muito a pena dar uma conferida nesta cachoeira. Ela se esconde atrás de uma pequena caminhada de cerca de vinte minutos pela bem preservada Mata Atlântica. Até aqui foi tudo tranqüilo, mas agora começa uma longa e árdua subida, mas que em cada curva apresenta lindas paisagens. A certa altura, o percurso sai da estrada principal e entra numa estradinha acanhada, que continua

A estrada vai ficando cada vez mais estreita até quase se tornar uma trilha

subindo. Depois da maior subida, a estradinha vai se estreitando ainda mais, dando a impressão que vai sumir. Em vários momentos se transforma quase que num gramado com dois trilhos de pneus. É um trecho bem isolado mas maravilhoso. A primeira casa desta estradinha aparece somente depois de muito tempo. Apesar de ser uma estrada municipal você terá que passar por duas porteiras. Lembre-se de deixá-las da maneira que encontrou (seja aberta ou fechada). Mais alguns quilômetros e você irá cair na estrada principal que margeia a represa de Alto Cedro. Aqui em cima não há nenhuma cidade, mas depois de alguns quilômetros você chegará ao lugar onde ficam os hotéis. Distância total: 43 km

Dia 6 (Alto Cedro e Palmeiras)

Neste dia você irá passar por uma região de grandes fazendas de pinheiros, quase sem casas ao longo do caminho, com relevo bem irregular, e poucas sombras; por isso, prepare-se quanto à quantidade de água necessária para o dia todo. O início do percurso é pela mesma estrada do dia anterior, desviando após alguns quilômetros para começar a dar a volta por trás das represas. Lá pela metade do dia, você vai atingir quase 950 m de altitude. Neste ponto estará passando por uma conhecida fazenda da região. Repare que a estrada atravessa a fazenda e ao entrar e sair dela você passará por dois grandes portais feitos de troncos de árvores, que rendem boas fotos. Logo à frente não deixe de parar para apreciar o visual, pois este é o ponto mais alto de todo o percurso. Faltando uns 5 km para o final da pedalada, você irá chegar na outra represa. O final do dia é na localidade de Palmeiras, um bairro do município de Rio dos Cedros onde há um ponto de apoio com hospedagem e lanchonete. Distância total: 41 km

Portal que anuncia a parte mais alta de todo o trajeto

Acima: paradas para observar a vista são inevitáveis
Abaixo: a grande descida leva de volta à Timbó

Dia 7 (Palmeiras e Timbó)

Este é o dia da grande descida que merece ser feita de forma lenta, permitindo a contemplação das belas paisagens. Lá em baixo você irá atravessar o rio (este é o rio dos Cedros) por uma ponte de madeira coberta com telhado. O Circuito continua por mais alguns quilômetros, quando sai da estrada principal e entra numa estradinha que atravessa uma pequena serra e leva até o bairro do rio Cunha. O morro não é tão alto, mas tem cerca de 1 km de subida muito íngreme, talvez o trecho mais empinado de todo o percurso. Este também é um lugar especial: o rio Cunha acompanha a estrada em um longo trecho, formando pequenas corredeiras e quedas, que em alguns pontos podem ser acessadas pelo cicloturista. Vencido este pequeno desafio, o resto é só tranqüilidade. Em mais alguns quilômetros você já estará no calçamento de um bairro do município de Benedito Novo e, logo depois do trevo, na cidade em si. Atravessando toda a cidade, você cairá no asfalto, mas o Circuito mais uma vez foge dele e pega uma ponte, passando para uma estradinha de terra do outro lado do rio. Esta estrada termina num outro asfalto, mais exatamente na bicicletaria do Sr. Feltrin, tradicional comerciante e fabricante de bicicletas exóticas da região. Agora restam somente poucos quilômetros pelo asfalto e você estará de volta a Timbó, completando o circuito! Distância total: 54 km

Foto: Rodrigo Telles

MAIS INFORMAÇÕES sobre este percurso no site do Clube de Cicloturismo: www.clubedecicloturismo.com.br

Competição

CAPÍTULO 9

Se você já decidiu que deseja competir, deve escolher um esporte no qual sinta mais prazer ou tenha mais habilidade. Mesmo que siga o lema "O importante é competir e não vencer", você se sentirá mais recompensado se ficar entre os vencedores. Existem diversas provas no Brasil e no exterior. Nesse capítulo vamos mencionar algumas e fazer uma pequena descrição. Você poderá acessar o site dos organizadores para obter mais detalhes e as datas de realização.

Foto: Cristiano Quintino

Big Biker
É um campeonato de provas de maratona Cross Country realizado em três etapas. Nessa competição, o ciclista percorre grandes distâncias por todo tipo de via em uma única volta. As etapas podem chegar a mais de 100 km de percurso. É vencedor o atleta que realizar a prova com o menor tempo. A prova tem duas categorias, Pro e a Sport, que se diferencia pela distância a ser percorrida. As categorias são subdivididas por idade.
www.bigbiker.com.br

Campeonato Brasileiro de Maratona
Promovido pela Confederação Brasileira de Ciclismo, acontece em uma única etapa. No site da confederação você pode conhecer todas as provas do ano. www.cbc.esp.br

Iron Biker
É uma prova de longa distância realizada em dois dias na região de Ouro Preto e Mariana em Minas Gerais. www.ironbiker.com.br

Desafio da Mantiqueira
A prova é realizada na serra da Mantiqueira tem duas categorias, Pro e Sport, com percursos de 60 e 45 km. A largada acontece em Campos do Jordão, SP. www.desafius.com.br/index_desafio.php

MTB 12 horas
É sem dúvida uma prova de resistência. Começa à meia-noite e só termina ao meio-dia, 12 horas depois. Pode ser disputada na categoria Solo, Duplas e Equipes.
www.mtb12horas.com.br/mtb12horas

Cape Epic
Efetuada na África do Sul, tem 900 km de extensão e desnível acumulado de mais de 11 mil metros. É considerada uma da mais duras provas de mountain bike. www.cape-epic.com

Adidas Bike Transalp
Tendo os Alpes como cenário, a prova dura 8 dias e atravessa vários países.
www.transalpchallenge.com
www.therockmtb.com.br

Dicas de quem entende

Downhill

Markolf Erasmus Berchtold corre desde 1995; profissionalmente desde 1999. Foi várias vezes campeão brasileiro na modalidade Donwhill e obteve expressivos resultados em competições internacionais. Em seu site, www.markolf.com.br ele dá dicas para quem quer competir em provas de Downhill. A seguir uma transcrição dessas dicas:

DICAS DE TREINOS – Preparo Físico

Um atleta nesta modalidade, precisa de muito preparo físico; para isso, é muito importante que ele faça treinos de tiros, chamados também sprints.

Os tiros podem ser feitos de maneiras diferentes: com a bicicleta parada e nas simulações de largadas. Esses tiros devem ser de 7 segundos e com toda a força possível. Após este tiro, girar (pedalar leve), por 30 segundos. Repetir este processo quantas vezes achar necessário.

É importante também realizar alguns treinos de resistência, com bicicletas de Cross Country ou de Speed. Esses treinos podem variar de uma hora até duas.

DICAS DE TREINOS – Técnica de Downhill

Como seu esporte é o Downhill, você deverá dedicar-se a treinar nas descidas. Procure pistas técnicas e com acesso ao topo da montanha. Esses treinos devem ser feitos sempre com algum acompanhante, pois você pode cair e se machucar. Também é importante treinar saltos. Uma boa opção é uma pista de bicicross, ou de motocross.

DICAS DE ALIMENTAÇÃO

Todo atleta deve ter uma alimentação saudável. Assim, é importante consultar um nutricionista. Se possível, deve-se evitar carnes vermelhas, refrigerantes, doces, salgados e frituras. Nunca tome suplementos sem orientação médica.

▶▶ IMPORTANTE

Antes de fazer qualquer tipo de treino, faça alongamentos de 10 a 15 minutos! E lembre-se: estes treinos devem acompanhar seus limites físicos. Nunca tente ultrapassá-los ou seu rendimento diminuirá!

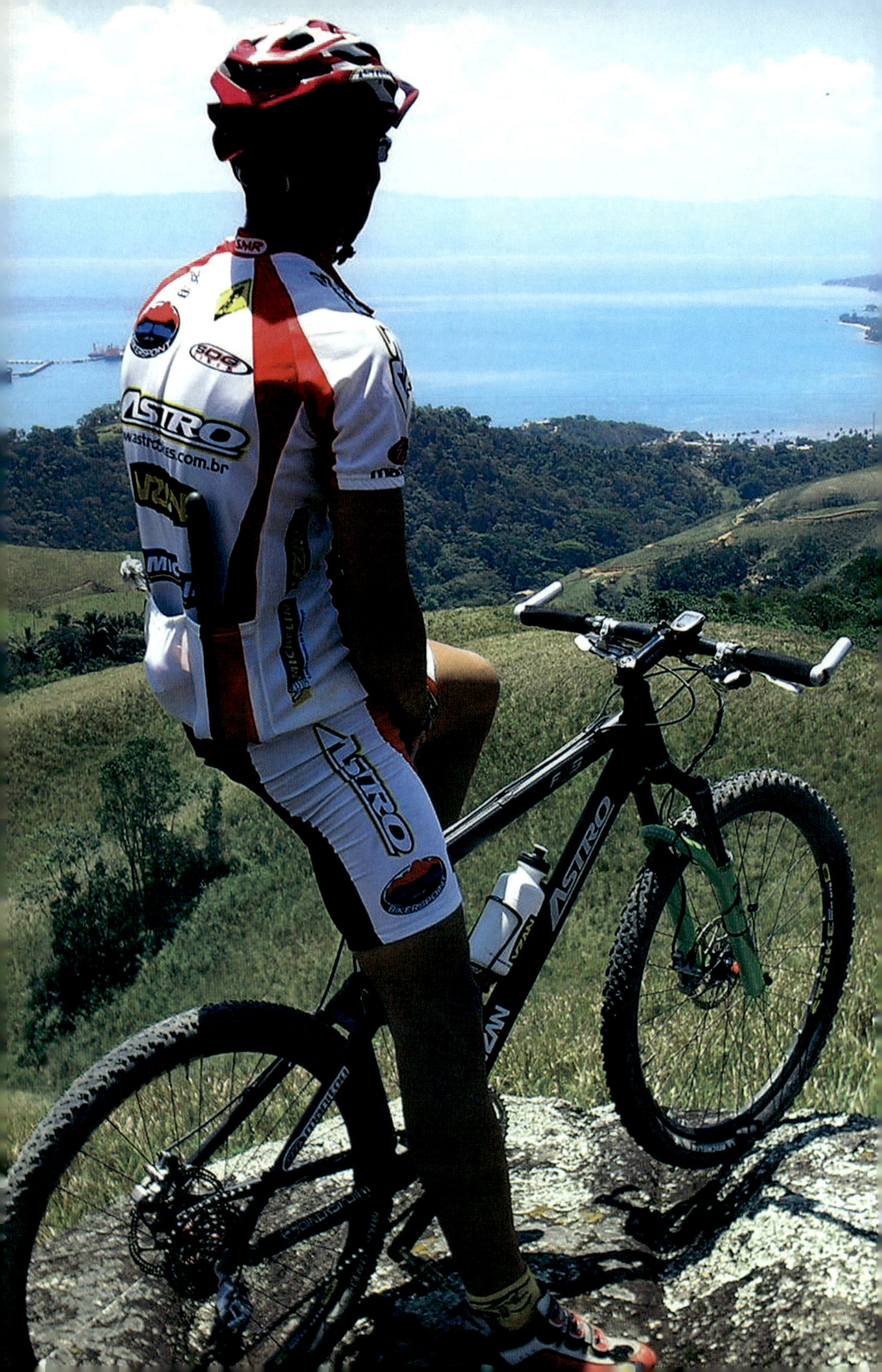
SMR
ASTRO
ASTRO
ASTRO

Cross Country

Veja só as dicas que Edvando de Souza Cruz, um dos mais completos atletas brasileiros, indica para quem quer competir em provas de Cross Country e Maratona

Quais as diferenças de uma prova de XC e Maratona?

A prova de XC que é uma modalidade olímpica, é realizada em circuitos de 5 a 8 km, em terreno bem variado, trilhas técnicas, subidas e pedras, raízes e geralmente os atletas dão de 5 a 8 voltas no percurso. Um ponto importante é que o tempo total de prova esteja entre 2h a 2h15 no total, pois cada volta gira em torno de 0h20 a 0h30. O tempo de prova pode variar de acordo com a categoria, mas este é o tempo das categorias profissionais. A Maratona é a prova mais longa e o percurso é mais aberto e menos técnico que o de XC. Geralmente os percursos são entre 40 km e 100 km, dependendo na categoria e nível da prova. Neste tipo de prova pode ser feito um circuito com largada e chegada no mesmo local ou largar em um ponto e chegar em outro. As subidas podem ser mais longas como ocorre uma travessia de serra.

A mesma bicicleta pode ser usada para as duas competições?

Sim. Mas, geralmente, para as provas mais longas uma bike Full Suspension pode ajudar o atleta a ter menor desgaste por absorver melhor os impactos.

Qual é o tipo ideal da bicicleta para essas competições?

Para o Cross Country as bikes mais utilizadas usam quadros de alumínio ou fibra de carbono e têm uma média de peso entre 9,5 kg e 10,5 kg, com 27 marchas e pneus leves de Kvelar para dar uma melhor rodagem.

É necessário fazer musculação e outros exercícios complementares para melhorar a performance?

Com um bom acompanhamento, a musculação é uma ótima ferramenta para aumentar a força do atleta mas, geralmente, é um trabalho mais voltado à resistência e não para ganho de peso e volume.

Que dicas você dá para quem quer começar a praticar Cross Country?

Procure pessoas que já andam de bike e lojas especializadas para obter mais informações e adquirir bons produtos. Uma outra recomendação é colocar a bike na medida certa para não ter problemas de dores nas costas ou joelhos, tomar bastante líquido antes durante e depois das pedaladas, usar o equipamento de segurança como capacetes e luvas e procurar andar nas trilhas sempre acompanhado.

Quanto você treina por semana?

O treino depende da época do ano e do calendário de provas. No início do ano faço treinos de resistência que chegam a 5 horas correndo 150 km no asfalto. Existem dias que treino 30 km de mtb que resultam em torno de 2 horas. O treino é muito variado, mas para simplificar os treinos longos vêm primeiro, depois treinos mais curtos e intensos e, por fim, recuperação para depois realizar a prova.

Um atleta amador, que trabalha durante o dia, quanto deve treinar para uma prova?

Todo mundo que pedala pode competir, pois as provas têm categorias amadoras que fazem um percurso reduzido. Contudo, é bom que o biker pedale de 1h a 1h30 por dia durante a semana e nos finais de semana, ou quando tiver um tempo maior deve tentar fazer treinos de 2 a 3 h para adquirir resistência.

Saúde

10
CAPÍTULO

A prática da pedalada, por si só, já é um grande passo para a melhoria do seu condicionamento físico. À medida que você começa a pedalar, vai sendo desafiado pela bicicleta a ir mais longe. Isso acontece com muitas pessoas, que não se contentam mais em passear no parque da cidade e começam a criar roteiros mais longos, mais intensos e mais desafiadores.

Alguns decidem sair do lazer para o esporte passando a competir numa das diversas modalidades que a mountain bike oferece. Seja qual for sua opção, pedalando constantemente irá notar uma modificação de suas pernas: vão ficar mais torneadas e seus músculos tonificados. Coxas mais grossas, bumbum empinado, um paraíso para as mulheres, e para os homens também. A pedalada mais forte também tem impacto nos membros superiores, mas de forma bem mais suave.

O ganho é tão significativo que você poderá se questionar se não vale a pena melhorar a parte de cima, ou seja, seus membros superiores, tórax e abdômen.

Quando isso acontecer, minha dica é procurar uma academia ou um personal trainer para que você possa desenvolver um plano de treinamento compatível com suas expectativas e características físicas. Se combinar as vantagens da pedalada com o suporte de uma academia, estará com o melhor dos dois mundos.

Essa foi minha história com a bicicleta. Na verdade, comecei a freqüentar a academia, por problemas de peso e sedentarismo. Fazer bicicleta ergométrica me irritava, pois não via a paisagem passar. Aí decidi recomeçar a pedalar nas ruas e ao longo de algum tempo tive essa mudança física, que me fez voltar à academia, agora com um objetivo definido.

Não faço bicicleta ergométrica, mas virei fã das aulas de Spinning.

O objetivo desse capítulo é chamar sua atenção para uma série de fatores que contribuem para a melhoria do seu condicionamento físico. São informações baseadas em minha própria experiência e convívio com pessoas especializadas.

Contudo, mais uma vez quero lembrá-lo que, antes de iniciar qualquer treinamento ou atividade física, você deve procurar um médico para fazer um check-up, e uma academia ou personal trainer para lhe criar um plano de atividades adequadas ao seu tipo.

Aquecimento, alongamento e musculação

A prática de qualquer esporte exige um ritual para que você possa tirar o máximo proveito e, principalmente, não sofrer nenhum tipo de efeito colateral.

O aquecimento, como o nome diz, é a fase onde você aquece o organismo como um todo. É uma transição entre a inércia e a prática efetiva do esporte e deve ser feito antes do exercício, de maneira a preparar o seu corpo para a atividade física.

O alongamento, idealmente, deve ser feito antes e depois do exercícios. A prática do alongamento traz como benefícios a redução do risco de lesões musculares e torção das articulações. O alongamento, sempre que possível, deve ser precedido de aquecimento. O aumento da temperatura causada pelo aquecimento amplia a extensão dos tecidos conjuntivo e muscular, reduzindo o risco de lesões no alongamento. Contudo, nem sempre isso será possível, principalmente se você estiver viajando com a bike. A musculação é uma forma de desenvolver a capacidade muscular em função de uma determinada prática desportiva.

Aquecimento

Na bicicleta, o aquecimento é feito em cima da própria. Você deve iniciar a pedalada num ritmo lento e mantê-lo por no mínimo uns 10 minutos, aumentando progressivamente sua carga de pedal.

Musculação

O objetivo é gerar um acréscimo de resistência e força para os grupos musculares envolvidos naquele esporte. A bicicleta promove o aumento da massa muscular dos membros inferiores, mas não são todos os músculos das pernas que são trabalhados diretamente pela pedalada. Alguns sofrem pouquíssimos reflexos da pedalada.

Uma pessoa que tem o hábito de correr e pedala por algum tempo, ou quem é ciclista e começa a correr, percebe imediatamente quais são os músculos que não são muito usados no seu esporte.

O abdômen e região lombar são trabalhados pela pedalada e, fortalecidos, ajudam no equilíbrio. Uma pessoa que passa muitas horas em cima de um selim normalmente sente algum tipo de dor lombar se essa região estiver "fraca". O mesmo vale para os braços, ombros e pescoço que, embora não estejam associados com a mecânica da pedalada, atuam no equilíbrio do ciclista e da bicicleta. Ao desenvolver a musculatura dessas áreas, você estará se beneficiando durante a pedalada. Veja a seguir quais são os grupos de músculos usados na prática da bicicleta, começando pelos pés até atingir a cabeça.

- panturrilha: batata da perna;
- tibiais anteriores: musculatura anterior da canela;
- quadríceps: musculatura que fica na parte anterior (frente) da coxa;
- ísquio-tibiais: musculatura que fica na parte detrás ou posterior da coxa;
- adutores de coxa: musculatura localizada na parte interna (medial) da coxa;
- abdutores de coxa: musculatura localizada na parte externa (lateral) da coxa;
- glúteo: bumbum;
- região lombar: parte baixa das costas;
- região torácica: parte média das costas;
- região cervical: parte correspondente ao pescoço.

Musculação usando aparelhos

A seguir você encontra uma descrição dos principais aparelhos de ginástica encontrados em academias que atuam nos principais músculos utilizados na prática da bicicleta. Procure sempre a orientação de um profissional para criar uma série de exercícios adequada à sua fisiologia e necessidades específicas.

Leg press
Trabalha os quadríceps (parte da frente da coxa), principal grupo de músculos envolvido na pedalada, glúteo e bíceps femoral (parte detrás da coxa).

Mesa flexora
Fortalece os músculos posteriores da coxa, usados na tração do pedal.

Cadeira adutora
Trabalha a musculatura adutora da coxa, ou seja, a parte interna da coxa.

Panturrilha
Esse tipo de aparelho fortalece os músculos da panturrilha.

Cadeira extensora
Fortalece os músculos extensores do joelho e quadríceps.

Os aparelhos abaixo trabalham a parte superior do corpo, afetada pelas pedaladas.

Roldana superior
Trabalha os membros superiores e pescoço. Esse aparelho oferece diversas opções como, por exemplo, fortificar os tríceps.

Pulley
Trabalha os músculos das costas e grupo dos bíceps.

Abdominal
Esse exercício não necessita de aparelhos, mas pode ser feito com uma fit ball ou pranchas.

Capítulo 10 — Saúde

Alongamento

O alongamento deveria fazer parte da rotina diária de todos. Como dissemos anteriormente, o alongamento contribui para a redução das lesões musculares e para o relaxamento físico. Além de esquentar o corpo, ele é importante à medida que se cria massa muscular. Isso se deve ao fato de que, ao "engrossar", o músculo acaba ficando mais curto e, portanto, menos flexível. Durante uma pedalada muito longa é recomendável que você faça um alongamento no meio da jornada. Algumas dicas são simples. Alongue-se respeitando seus limites. Vá até o ponto onde você entra numa zona de desconforto mas, sem dor. Considerando a prática da bicicleta, veja como realizar o alongamento dos principais grupos musculares. Para esses você não precisa de nenhum aparelho especial e ainda pode contar com o auxílio da bike para fazer alguns deles.

Quadríceps

Em pé, flexione levemente o joelho da perna que ficará no chão. Puxe lentamente o calcanhar para cima e para trás até que ele encoste no glúteo.

Esse alongamento pode ser feito diretamente na bike: segure a bicicleta com uma mão no guidão; apóie o calcanhar no cano central da bike e incline o tronco para frente.

Alongamento lateral da coxa

Sentado e com a coluna reta, cruze uma perna sobre a outra com o joelho flexionado. Em seguidas puxe o joelho na direção da perna que está esticada.

Posteriores de coxa

Em pé, com um dos pés mais ou menos 35 cm à frente do outro, tente tocar na ponta dos dedos do pé que está mais à frente, sem dobrar os joelhos. Você pode fazer esse alongamento na própria bike.

Internos da coxa (adutores)

Em pé, com as pernas separadas e braços ao lado do corpo. Flexione um joelho e incline o corpo nessa direção, de forma que outra perna permaneça esticada; fique nesta posição até começar a sentir pressão na parte interna da coxa.

Alongamento da panturrilha

Em pé, coloque uma perna à frente da outra e flexione levemente o joelho. Em seguida, mantenha o pé da outra perna totalmente apoiado no chão. A seguir, flexione o tronco para frente, apoiando com as mãos no joelho da perna flexionada.

Alongamento lateral dos braços

Estique o braço esquerdo sobre o ombro direito e com a mão direita puxe o cotovelo em direção ao corpo. Gire o pescoço para o lado contrário da direção do braço estendido. Faça agora o inverso desta posição.

Peitoral

Em pé, com os braços caídos ao longo do corpo, leve os braços para trás e entrelace as mãos. Impulsione os braços, o máximo que puder, para fora, distanciando-os do corpo.

Ciclismo Indoor

Nem sempre quando queremos podemos pedalar. Às vezes, você espera a semana inteira para pedalar e chove no final de semana. Se você tem disponibilidade de freqüentar uma academia que tenha uma sala de Spinning, recomendo que comece a praticar essa modalidade de exercícios. Ao contrário de uma bicicleta ergométrica tradicional, uma bike de Spinning é construída para simular os esforços que você encontra numa bicicleta convencional em subidas, descidas e planos. O Spinning é uma atividade feita em grupo, onde o instrutor faz uso de músicas para estimular os alunos e transmitir a sensação do esforço que será feito. A prática do Spinning vai lhe ajudar muito quando estiver pedalando sua magrela. É excelente para queimar calorias.

As aulas de Spinning têm duração de 30 a 60 minutos. Elas proporcionam elevada queima de calorias. Dependendo da intensidade e duração, pode consumir entre 450 e 700 calorias por hora. Os músculos mais exigidos no Spinning são dos membros inferiores como numa bike normal. Contudo, a musculatura da região lombar e abdômen também é exercitada pelas manobras de pedalar em pé e outras posições. O monitoramento da freqüência cardíaca é altamente recomendável no treinamento do Spinning, pois permite saber se você está trabalhando em uma intensidade que resulte em melhoria no seu condicionamento físico ou emagrecimento.

Monitores cardíacos e ciclismo

O monitor de freqüência cardíaca é um dos instrumentos mais valiosos para ajudar no condicionamento físico. Por meio dele você pode controlar a freqüência cardíaca e estipular exercícios e treinamentos compatíveis com sua idade e objetivos. Não é apenas para uma aula de Spinning que a sua utilização é importante: nas suas pedaladas você pode utilizá-lo para melhorar o seu condicionamento físico. Veja as razões a seguir.

Fisiologia cardiovascular

Antes de falar do uso do monitor cardíaco, também chamado freqüêncímetro, é importante ter uma idéia dos elementos que constituem o sistema cardiovascular.

Coração	faz o papel de uma bomba hidráulica;
Artérias	responsáveis pela distribuição do sangue oxigenado pelos pulmões a partir do coração;
Capilares	os pequenos e periféricos vasos sanguíneos que participam do sistema de troca entre o sangue e os tecidos;
Veias	que retornam o sangue venoso dos tecidos periféricos para o coração.

Cada batida do coração faz com que uma quantidade de sangue seja empurrada para o sistema cardiovascular. A freqüência cardíaca (ou Heart Rate (HR) em inglês) é o número de contrações cardíacas num determinado espaço de tempo, normalmente expresso em batimentos por minuto.

Com uma atividade física mais intensa, mais oxigênio é requerido pelas células dos músculos. O coração responde a essa solicitação aumentando a taxa de batimento cardíaco levando mais sangue e conseqüentemente mais oxigênio. O treino aeróbico eleva a quantidade de sangue bombeada por cada batimento cardíaco e melhora a eficiência da captação de oxigênio e nutrientes pelas células musculares. Dessa forma, você ganha uma menor taxa de batimentos, quando em repouso e eleva sua capacidade de exercícios nas condições mais exigentes.

Monitorando suas características cardiovasculares, o monitor cardíaco irá indicar de forma precisa o número de batimentos cardíacos que está ocorrendo no momento em que você pratica, e lhe permitirá aumentar ou diminuir o ritmo de seu exercício para que você mantenha uma determinada freqüência cardíaca saudável.

Nutrição

A prática da mountain bike é bastante variada indo desde um passeio no parque a uma competição de 12 horas seguidas. Dentro desse universo, o ciclista precisa ter consciência da necessidade de prover ao organismo a energia necessária para a atividade que irá praticar.

Se você está pedalando com a intenção de emagrecer, a bicicleta é uma grande aliada. Contudo, ela não faz milagres. O segredo para emagrecer, ou diminuir o índice de massa gorda do seu organismo é a fórmula matemática dada a seguir.

Calorias ingeridas – calorias consumidas

Se o resultado der positivo, você não está perdendo massa gorda e conseqüentemente emagrecendo. Se queima 3 mil calorias numa atividade física e consome 5 mil, o resultado não será bom para o seu objetivo de perder peso.

É fundamental que você realize uma reeducação alimentar para, em conjunto com a prática de uma atividade física, obter resultados satisfatórios. Uma consulta com um nutricionista ou endocrinologista é essencial para que você faça o esforço correto para manter a forma ou emagrecer.

Voltando às malvadas calorias, enquanto um passeio leve de bicicleta pode consumir entre 350 e 500 calorias, uma jornada de dia inteiro pode exigir mais de 4 mil calorias e uma competição de muitas horas, mais de 7 mil calorias.

Como regra geral, essa energia deve ser proporcionada por carboidratos, em sua maioria, e proteínas que servem ao processo de recuperação muscular. As principais fontes de carboidratos são massas, cereais, pães, arroz, biscoitos e batata. As principais fontes de proteínas são as carnes vermelhas, frango, peixe, leite e derivados. Uma combinação de carboidratos e proteínas deve estar presente na dieta de todos que praticam a mountain bike. As diferentes modalidades esportivas da mountain bike exigem diferentes cuidados nutricionais.

O Downhill é uma prova curta, que não dura mais do que alguns minutos. Uma prova de Cross Country, no entanto, pode ter dezenas de quilômetros que devem ser percorridos com um esforço elevado e pode levar algumas horas. A seguir são propostas algumas sugestões para que você possa repor adequadamente suas energias e manter sua hidratação.

Um passeio de bicicleta

Tempo	menos de duas horas
Intensidade	baixa
Hidratação	uma garrafa (caramanhola) de água por hora de pedalada
Alimentação	em pedaladas de passeio de até 2 horas, não é necessária alimentação

Uma jornada de bicicleta

Tempo	4 a 8 horas
Intensidade	média-alta
Hidratação	uma caramanhola por hora de pedalada
	considere o uso de bebidas energéticas ricas em carboidratos
Alimentação	reponha as calorias consumidas por hora de pedalada
	barras energéticas ou gel em intervalos regulares

Competição

Você percebeu que competições de mountain bike variam muito no estilo e tipo. Contudo, possuem em comum o elevado consumo de energia. A situação se agrava no caso de provas de longa duração.

Tempo	Minutos a horas
Intensidade	alta
Hidratação	uma caramanhola de repositor energético por hora
Alimentação	reponha as calorias consumidas por hora de pedalada com barras energéticas ou gel em intervalos regulares

Para realizar competições você precisa ter uma orientação profissional de forma a extrair o máximo de energia dos alimentos e proporcionar a energia necessária para seus músculos. Se usar mochilas de hidratação, acostume-se a levá-las sempre cheias de água e uma ou duas caramanholas com bebidas energéticas. Beba água da mochila a cada 20 minutos, pelo menos 200 ml, e a cada hora tome uma quantidade similar de bebida isotônica para repor os sais minerais perdidos durante o esforço físico.

Manutenção

CAPÍTULO 11

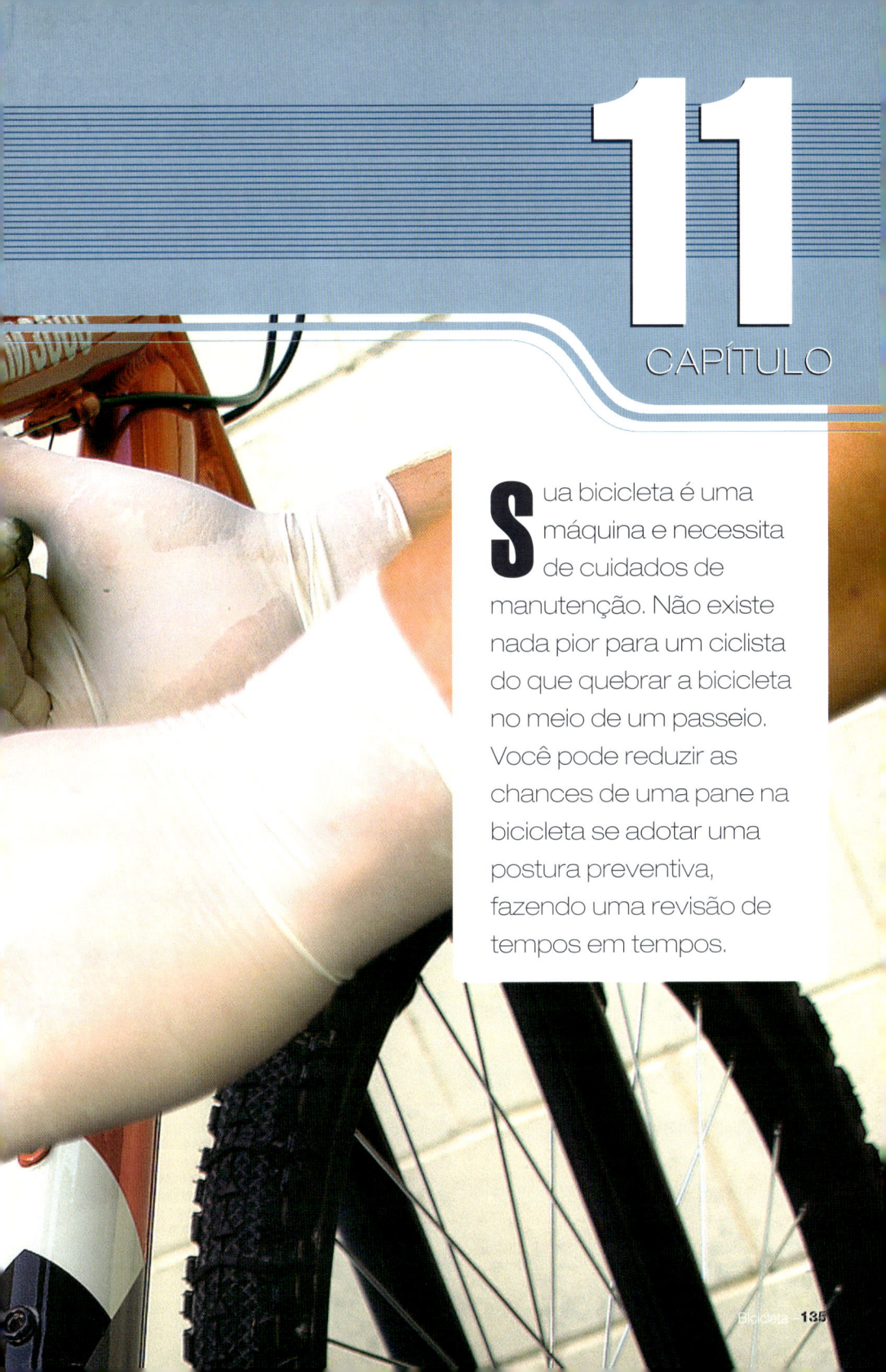

Sua bicicleta é uma máquina e necessita de cuidados de manutenção. Não existe nada pior para um ciclista do que quebrar a bicicleta no meio de um passeio. Você pode reduzir as chances de uma pane na bicicleta se adotar uma postura preventiva, fazendo uma revisão de tempos em tempos.

Capítulo 11 — Manutenção

Vários fatores determinam a vida útil dos componentes da bike. Em teoria, uma bicicleta mais cara, com componentes melhores, irá lhe dar menos problemas; contudo, isso não é uma garantia de pedalada tranqüila. Ter uma bicicleta de 10 mil reais não garante que não ocorrerá um acidente ocasionado por um componente defeituoso.

A forma de pedalar influência bastante na vida útil de vários componentes da bicicleta, bem como o uso que se faz dela. Uma bike usada em provas de Cross Country certamente sofre muito mais do que aquela que é utilizada para passeios e trilhas leves. Nesse capítulo vamos nos deter em algumas dicas de manutenção preventiva, consertos e ajustes que você mesmo pode fazer.

Principais causas de reparos

As causas mais comuns de reparos em bicicletas são as seguintes:

Câmbio desregulado

Causado por gancheiras tortas (peça que une o câmbio ao quadro – câmbio traseiro) e por cabos e conduítes frouxos ou mal lubrificadas, ou ainda, problemas com a corrente, que pode estar suja, com algum elo quebrado ou com tamanho incorreto.

Problemas nas rodas

Normalmente são ocasionados por impactos, que podem provocar raios quebrados e rodas desalinhadas.

Freios

Podem estar desregulados devido aos conduítes e cabos frouxos, mal lubrificados ou quebrados e pelo desgaste das sapatas e pastilhas, no caso de freios a disco.
Algumas dessas situações são causadas ou pela forma de conduzir a bicicleta ou por fadiga do material ou, ainda, por algum acidente.

Usando corretamente o câmbio

Responsável por boa parte das visitas da bicicleta à oficina, o câmbio quase sempre leva a culpa que deveria ser do ciclista.
Trocar de marchas é algo fundamental na condução de uma mountain bike. Porém, muitos ciclistas sacrificam o conjunto de tração por desconhecimento de algumas regras simples.

1 Só troque de marchas quando estiver movimentando os pedais. Alguns ciclistas iniciantes, após acionarem o passador de marchas, param de pedalar. Com isso a corrente não é transferida para a próxima coroa/catraca.

2 Diminua a força da pedalada no momento da troca, principalmente se estiver numa subida. Uma dica é dar umas duas pedaladas mais fortes e, ao aliviar a pressão nos pedais, trocar a marcha.

3 Evite usar uma relação cruzada de marchas, e que consiste em coroa grande com catraca grande ou coroa pequena com catraca pequena. Esse procedimento faz com que a corrente fique cruzada, forçando seus elos e desgastando mais rapidamente a corrente e os dentes das coroas e catracas.

Considerando uma bicicleta com três coroas e nove catracas, você deveria usar as relações a seguir. A coroa menor com as três ou quatro catracas maiores.

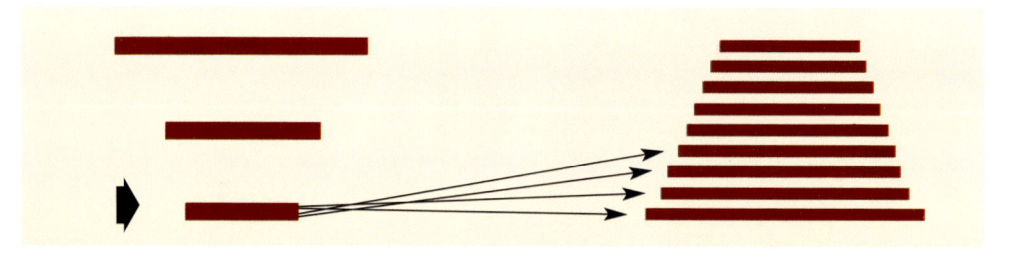

A coroa do meio com todas as catracas.

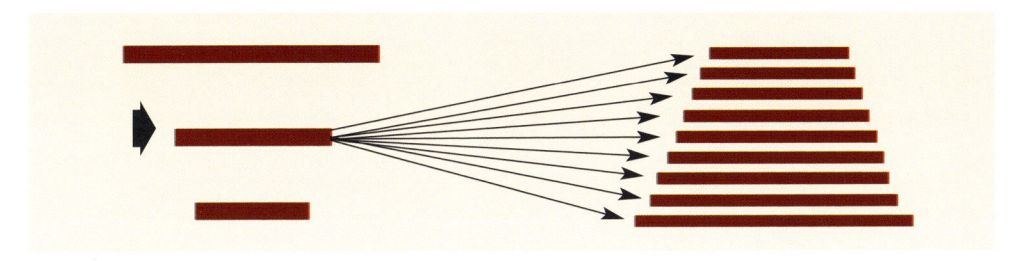

A coroa maior com as quatro catracas menores.

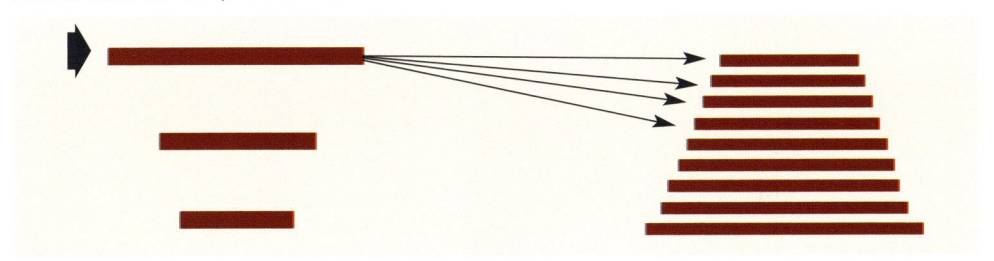

Porém, nunca faça uma inversão, usando a coroa menor com as catracas menores ou a coroa maior com as catracas menores.

Manutenção preventiva

Prevenir é melhor do que remediar. A seguir algumas recomendações para sua bike.

Mantenha a bicicleta limpa

Guardar uma bicicleta suja, depois de uma trilha, não faz bem para a "saúde" dela. Uma trilha sem barro vai gerar, no mínimo, o acúmulo de poeira nos componentes. Se você passou por trechos enlameados a situação se agrava pois, além da lama acumulada, o sistema de tração perde boa parte de sua lubrificação.

Existem muitas opiniões quanto ao método de lavar uma bicicleta: quando ela está apenas empoeirada é uma tarefa bem diferente de lavar uma bicicleta enlameada. No caso de uma bicicleta apenas empoeirada, use uma mangueira de baixa pressão, que evita que a água entre em locais onde exista graxa, como os cubos de roda e movimento central. Use água e sabão neutro para lavar a bicicleta como um todo e uma escova de cerdas longas para remover a sujeira nos cantos mais difíceis. Em muitas provas, onde a bicicleta passa por caminhos enlameados, a organização da prova usa compressores para lavar as bicicletas. Contudo, nessas situações, os competidores possuem mecânicos que fazem a revisão e lubrificação adequadas.

Mantenha a bicicleta lubrificada e ajustada

Mantenha os componentes ajustados. Um reaperto geral dos componentes da bicicleta é importante. A folga de alguns deles pode levar ao seu desgaste prematuro e limitações em sua função. (Veja tópico mais adiante).

Plano de manutenção

Se você anda com regularidade com sua bicicleta é conveniente fazer um plano de manutenção preventiva. Assim, terá sempre sua bicicleta em condições de lhe proporcionar uma boa pedalada. Muitas bicicletarias possuem pacotes de revisão com diferentes níveis de serviços, e que vão desde uma simples lavagem com reaperto dos componentes até a completa desmontagem da bike, lubrificação e troca de cabos e outros componentes.

A freqüência da manutenção

O que realmente determina a freqüência de manutenção na bicicleta são as condições às quais ela é submetida e a freqüência da pedalada. Você pode optar por manutenções periódicas baseadas em quilometragem ou tempo.
Entretanto, após passar com a bicicleta por situações adversas como barro, areia, maresia, chuva e lama, é aconselhável levar a bike para uma limpeza e revisão numa bicicletaria assim que possível. Caso a bicicleta não seja submetida a nenhum esforço excessivo, programe revisões a cada 300 ou 400 km. Se você perceber algum barulho estranho ou comportamento diferente dos componentes da bicicleta, é bom levar logo a magrela ao médico.

Lubrificação da bicicleta

Diversos componentes da bicicleta necessitam de lubrificação para aumentarem sua vida útil ou trabalharem adequadamente. Veja na figura ao lado quais são os pontos passíveis de serem lubrificados numa mountain bike.

Checagem antes da pedalada

Antes de qualquer pedalada faça um check-list da bicicleta. Esse procedimento não leva mais do que 1 minuto e pode ser decisivo para uma pedalada sem surpresas.

1 Verifique a pressão dos pneus. Uma bicicleta parada por muito tempo certamente vai estar com pressão baixa. Aperte o pneu com os dedos e, se perceber que está murcho, encha-o com sua bomba manual. Passando por um posto de gasolina, coloque a pressão recomendada.

2 Verifique se não existem folgas na mesa e guidão. O trepidar da bicicleta, principalmente quando você faz trilhas, acaba afrouxando vários parafusos. Nesses componentes faça um movimento firme para sentir a folga ou ouvir algum ruído que indique essa situação. Prenda a roda dianteira entre suas pernas e force o guidão para os lados para verificar se existe folga.

3 Verifique se as rodas estão bem apertadas. Em bicicletas com sistema de liberação rápida de roda o uso também pode ocasionar uma folga.

4 Verifique se os cabos e conduites de freio estão corretamente encaixados. O conduite dos cabos de freio e câmbio podem-se soltar dos encaixes no quadro.

5 Verifique o aperto do canote do selim e sua altura.

A lubrificação desses componentes pode ser feita com graxa ou um líquido lubrificante a base de óleo ou teflon.
É importante usar um lubrificante específico para bikes, pois alguns produtos podem causar mais problemas do que soluções. O lubrificante não pode ser nem muito grosso, nem muito fino. Alguns produtos são largamente utilizados como o Tri Flow, Finish Line Cross Country e White Lightning.
Alguns pontos da bike, como o movimento central da caixa de direção, canote do selim e outros eixos, podem exigir especificamente graxa. Já as demais partes podem fazer uso de lubrificantes líquidos. Não use graxa em peças de carbono.
Corrente: pingue o lubrificante na parte inferior da corrente à medida que gira o pedal para trás. Se a corrente estiver muito suja, é conveniente aplicar algum produro de limpeza específico para bike antes de fazer a lubrificação. Alguns produtos fazem os dois trabalhos. Uma recomendação é a cada dois usos aplicar o Try-Flow, um produto que limpa e lubrifica a corrente.
Freios: lubrifique as partes que são móveis. Tome cuidado para não deixar cair lubrificante nas pastilhas ou no aro da roda. Limpe com tíner ou acetona a lateral dos raios para remover sujeira.
Câmbios: lubrifique os pontos de encaixe das partes móveis e as roldanas.
Pedais de presilha: aplique lubrificante na parte onde o taquinho encaixa no pedal.
Cabos: os cabos de aço podem ter suas extremidades lubrificadas, mas se sentir que eles continuam enroscando, é hora de trocar os conduites.
Suspensão: limpe bem e passe o lubrificante nas hastes da suspensão.

LUBRIFICAÇÃO: ONDE USAR	
Óleo	graxa
Corrente	caixa de direçao
Articulações dos câmbios	eixo do pedal
Cabos de freio/câmbio	eixo das rodas (cubo)
Roldanas do câmbio traseiro	roda livre (encaixe do cassete no cubo)

Com esses pequenos cuidados você terá uma bicicleta silenciosa e confortável para suas pedaladas.

Bicicleta muito tempo parada

Se você deixou a bicicleta empoeirando na garagem por meses, ou até anos, é fundamental fazer uma revisão geral antes de começar a pedalar. As borrachas da bicicleta, incluindo sapatas de freio, pneus e câmaras podem ter ressecado, a graxa endurecido e os cabos enferrujado.

Consertos durante a pedalada

Se a bicicleta está em condições de ser pedalada, é hora de pegar a trilha ou estrada. Você pode fazer alguns ajustes e consertos durante a pedalada. Primeiro vamos falar dos consertos emergenciais.

Ferramentas

Nos capítulos iniciais apresentamos as ferramentas básicas que você precisa levar durante sua pedalada. Nesse capítulo reforçamos que você tenha uma ferramenta multifunção, kit de reparo de pneus e câmaras reserva.

Troca de câmara de ar

Um pneu furado! Nada mais frustrante para quem pedala. É essencial que você tenha pelo menos uma câmara de reserva para fazer a troca e continuar a pedalada. É mais prático e rápido você trocar a câmara e, posteriormente, se for o caso, consertar a furada. Como custam barato, a maioria dos ciclistas acaba se desfazendo da câmara com furo em vez de consertá-la.

Durante uma viagem ou passeio longo, guarde a câmara furada, pois você não sabe quantas vezes pode ter o pneu furado. Em alguns casos, a câmara pode rasgar e ser impossível remendá-la. Eu pedalei anos sem furar um pneu e numa viagem tive três pneus furados num único dia.

1 Deixe a marcha na menor catraca para aliviar a tensão do câmbio.

2 Solte o cabo do freio do seu encaixe. Faça isso comprimindo as duas partes superiores das hastes de freio para criar uma folga no cabo e seu encaixe. Utilize o dedo indicador e o dedão de uma mão, enquanto remove o cabo do encaixe com a outra.

3 Desparafuse a roda ou solte o mecanismo de liberação rápida da roda.

4 Puxe o câmbio traseiro para trás, liberando a saída do eixo da roda.

5 Se o pneu não estiver totalmente vazio, acabe de esvaziá-lo. Com as duas mãos aperte a lateral do pneu para soltar suas bordas do aro.

6 Coloque uma espátula a uns quatro ou cinco dedos de distância e encaixe outra espátula. Isso deve ser feito, idealmente, do lado oposto ao bico da câmara. Se não tiver espátula, use a lingüeta da blocagem rápida para remover o pneu do aro.

7 Retire a câmara da roda e do pneu. Passe cuidadosamente a mão na parte interna do pneu para encontrar um possível espinho, arame, prego, caco de vidro ou outro objeto que tenha causado o furo e que ainda se encontre no local. É necessário removê-lo; caso contrário, vai ter uma nova câmara furada.

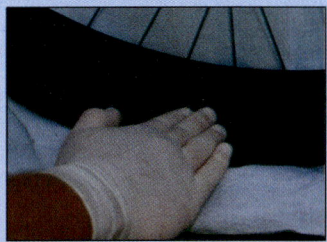

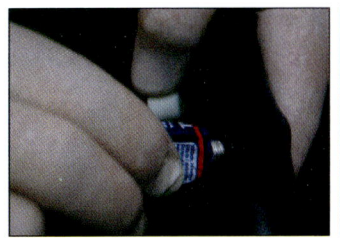

Remendando a câmara

Se precisar remendar a câmara siga as seguintes instruções: encha a câmara de ar para localizar o furo. Em muitos casos você conseguirá ver o furo ou sentirá o ar saindo. Jogue água na câmara ou coloque-a embaixo d'água para que as bolhas de ar denunciem o furo.

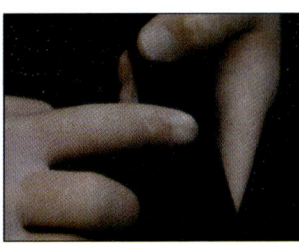

Depois de encontrar o lugar do furo, dê uma leve lixada ao seu redor, se o seu kit de reparo tiver uma lixa. Aplique cola no local e, com o dedo, espalhe-a para deixar uma camada muito fina.

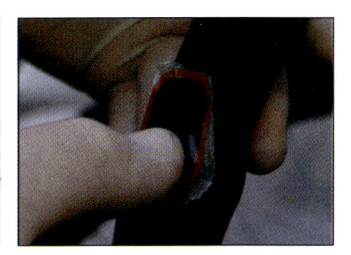

Solte o remendo da sua embalagem. Em seguida, aplique à superfície com cola sobre o furo. Com os dedões das duas mãos comprima toda a extensão do remendo, assegurando que toda sua área está colada na câmara.

Remontando o pneu

Coloque o pneu na roda deixando uma lateral totalmente encaixada no aro e a outra livre, para poder colocar a câmara de ar entre o pneu e o aro. Insira primeiro o bico da câmara no aro e, depois, ajuste-a dentro do pneu.
Encaixe a outra lateral do pneu no aro e use uma das espátulas para ajudar no encaixe. Encha a câmara com sua bomba portátil.

Ajustes dos freios

Os freios podem perder eficiência pelo desgaste das sapatas ou pelo desajuste das mesmas. Quando você percebe que a alavanca do freio aumenta o seu curso, ou seja, você precisa apertar bastante para o freio começar a funcionar, é sinal que a sapata está desgastada ou os cabos afrouxaram.

Se o problema for a tensão do cabo, você pode realizar dois tipos de ajustes: primeiro, girar o botão que fica no início do conduíte no freio, na alavanca de freio do guidão.

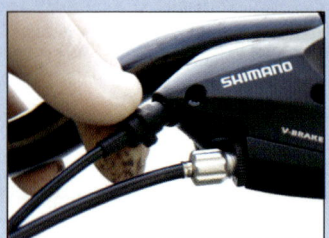

Nos freios existem dois anéis. O mais próximo à alavanca trava o ajuste. Dessa forma, você precisa soltá-la um pouco para poder girar o outro anel que faz o tensionamento do cabo. À medida que você afasta o anel da alavanca estará encurtando o cabo, ou seja, aproximando as sapatas do aro. Gire e aperte a alavanca até chegar no ponto ideal; depois trave o ajuste com o anel de travamento.
A segunda opção é soltar o cabo diretamente no freio usando uma chave Allen para afrouxar o parafuso, esticar o cabo e apertá-lo novamente.

Troca e ajuste da sapata
Se for trocar uma sapata, use uma chave Allen para retirar e instalar a nova. A operação é simples. Nesse caso, terá que ajustar a tensão dos cabos depois de instalar a nova sapata usando o método descrito anteriormente. Tome apenas cuidado para não deixar a sapata desalinhada em relação ao aro.

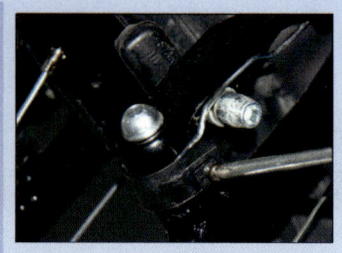

Pressão das hastes do V-brake
Às vezes o V-brake apresenta problemas, pois a pressão de uma haste pode estar maior do que a outra. Ao soltar o freio, uma sapata volta e a outra fica raspando no aro. Isso pode ser regulado por meio de um parafuso que fica na base do V-brake.
Quando você aperta o parafuso está aumentando a pressão e fechando o "V". Quando solta o parafuso, você está diminuindo a pressão daquela haste.

Ajustes do câmbio traseiro

O câmbio traseiro pode apresentar problemas devido a um cabo que fica mais frouxo ou por uma gancheira torta. Isso pode fazer com que escapem das marchas ou com que a corrente caia para fora das catracas das extremidades ou, pior, que o câmbio encoste nos raios.

Quando as marchas começam a mudar sozinhas é sinal de que o cabo está com pouca tensão. O ajuste fino é feito pelo anel de ajuste que fica na extremidade do conduíte do cabo junto ao câmbio. Girando o anel, de forma que ele se afaste do câmbio, você está aumentando a tensão do cabo. Quando a corrente cai entre a última catraca e os aros existem duas possibilidades: a gancheira pode estar torta, para dentro, ou o limitador do câmbio está muito aberto.

Você deve tentar, primeiro, ajustar os parafusos e, caso não resolva, pode tentar desempenar a gancheira, forçando-a na direção oposta da fuga da corrente. Essa operação deve ser feita apenas em caso de emergência. Por exemplo, se você caiu e entortou a gancheira, pode fazer o ajuste do limitador por meio dos parafusos que possuem as letras H e L no câmbio traseiro.

A letra H (High) ajusta o limitador das catracas menores, ou seja, de marcha maior (hight). Apertando esse parafuso o limitador vai para dentro, afastando a corrente do quadro. Soltando o parafuso, a corrente vai em direção do quadro, ou seja, até cair da última catraca. O parafuso da letra L diz respeito às catracas maiores, mais leves. Apertando o parafuso L, você leva a corrente mais próxima dos raios. Esses ajustes não são difíceis, mas exigem prática. Portanto, recomendo que pratique bastante os ajustes antes de fazer uma viagem.

Corrente quebrada

Se uma corrente quebrar você não precisa se desesperar. Se tiver uma ferramenta multifuncional, com um acessório para consertar correntes, poderá resolver o problema.

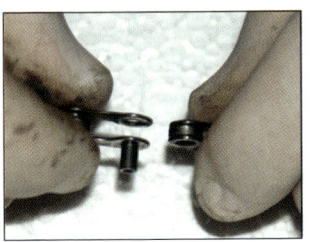

Para isso, deve remover o elo da corrente quebrada de forma a formar um novo elo. Uma corrente pode ser encurtada em uns dois gomos sem maiores problemas.

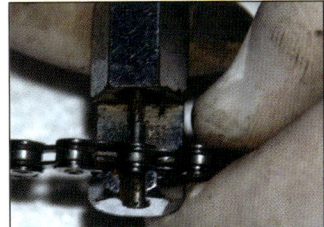

Coloque os elos na ferramenta de forma que o pino da ferramenta fique bem no centro do pino da corrente para poder empurrá-lo para dentro

Finalizando

Esse capítulo não quis formá-lo em mecânica de bicicletas, mas dar-lhe um mínimo de informações para conseguir sair de situações de emergência. Faça a manutenção preventiva da sua bicicleta, troque de marchas adequadamente e, se você pedala com freqüência e principalmente em lugares distantes, recomendamos que faça um curso de mecânica de bicicleta.

Impressão e Acabamento
Bartira
Gráfica
(011) 4123-0255